Datenstrukturen und höhere Programmiertechniken

von

Dr. Hartmut Noltemeier

Professor an der Universität Göttingen

Sammlung Göschen Band 5012

Walter de Gruyter
Berlin · New York · 1972

Die Reihe „Informatik" in der Sammlung Göschen umfaßt folgende Bände:

Einführung in Teilgebiete der Informatik. Von *L. Hieber.* 2 Bände
Digitale Rechenautomaten. Von *R. Klar.*
Analog- und Hybridrechner. Von *G. Gensch.* (In Vorb.)
Datenübertragung und -fernverarbeitung. Von *K. Oettl.* (In Vorb.)
Programmierung von Datenverarbeitungsanlagen.
Von *H.J. Schneider* u. *D. Jurksch.*
Datenstrukturen und höhere Programmiertechniken. Von *H. Noltemeier.*
Betriebssysteme I. Grundlagen. Von *E.J. Neuhold.* (In Vorb.)
Betriebssysteme II. Von *P. Caspers.* (In Vorb.)
Theorie und Praxis des Übersetzerentwurfs. Von *H.J. Hoffmann.* (In Vorb.)
Schaltwerk- und Automatentheorie. Von *C. Hackl.* 2 Bände
Graphentheorie für Informatiker. Von *W. Dörfler* u. *J. Mühlbacher.*
Einführung in die mathematische Systemtheorie. Von *F. Pichler.* (In Vorb.)
Formale Beschreibung von Programmiersprachen. Von *K. Alber.* (In Vorb.)
Angewandte Informatik. Von *P. Mertens.*
Information Retrieval. Von *O. Simmler.* (In Vorb.)
Programmiersprachen für die numerische Werkzeugmaschinensteuerung.
Von *U. Grupe.* (In Vorb.)

 – Satz: Fotosatz Prill, Berlin 15 – Druck: Mercedes-Druck, Berlin.
Printed in Germany

ISBN 3 11 003947 8

Vorwort

Unter Systemprogrammierung versteht man die zusammenfassende Darstellung derjenigen Techniken, die bei der Konzipierung und Erstellung von Systemprogrammen notwendig oder nützlich sind. Systemprogramme sind dabei die Teile eines datenverarbeitenden Systems, die dem Anwender die hardwaremäßigen Möglichkeiten des Systems möglichst vollkommen erschließen oder ihn von problemunspezifischen Arbeiten entlasten sollen: Steuerprogramme, Systemverwaltungsprogramme, Übersetzer, Dienstprogramme etc.

Der Inhalt des Bandes stellt eine gestraffte Einführung in die Grundlagen dieses Gebiets dar, die der Verfasser im Rahmen einer Vorlesung im Sommersemester 1971 an der Universität Karlsruhe für Studenten der Informatik und des Operations Research gegeben hat.

Besonderes Gewicht wurde dabei neben der Darstellung der im Rahmen der Systemprogrammierung üblichen Programmiertechniken auf die Beschreibung von Datenstrukturen und die Schilderung der wichtigsten Dateitypen gelegt, weil sie sowohl für den Ersteller von Systemverwaltungsprogrammen, von Übersetzern für Dialog- oder Datenbanksprachen u.ä. als auch für den anspruchsvolleren Anwender von großem Interesse sind.

Im Mittelpunkt der Ausführungen steht dabei der Begriff der Datei mit den Hauptkomponenten: logische Struktur, Zugriffsmöglichkeit, „Semantik". Zur Beschreibung der erstgenannten Komponenten erweisen sich graphentheoretische Begriffe als äußerst nützlich und wirkungsvoll. Der Verfasser hat daher die unmittelbar benötigten graphentheoretischen Hilfsmittel in § 1 vorangestellt, um den mit diesen Begriffen wenig Vertrauten Gelegenheit zu geben, ohne Rückgriff auf spezielle graphentheoretische Literatur die anschließenden Ausführungen zu verfolgen.

Da Systemprogramme vielfach unmittelbar Bezug nehmen müssen auf die Hardware des Systems, wird häufig eine hypothetische

Arbeitsmaschine eingeführt, um Programmiertechniken detailliert, aber ohne speziellen Bezug auf eine realisierte Maschine schildern zu können.

Der Verfasser konnte in diesem Zusammenhang darauf verzichten, weil er den Schwerpunkt auf die Darstellung allgemeiner Techniken legt, die jeder Systemprogrammierer vor der Konzipierung von Systemprogrammen kennen sollte – unabhängig von der speziellen Hardwareausstattung des Systems, mit dem er konfrontiert wird. Wo es erforderlich erscheint, sind Programmteile mit Algol-60-statements beschrieben.

Am Schluß jedes Paragraphen findet der Leser Übungsaufgaben, die nicht nur zur Kontrolle des Verständnisses dienen können, sondern zu intensiverem Studium einzelner Teilgebiete anregen sollen.
Besonderen Dank schulde ich den Herren Dipl.-Wi. Ing. Michael Bastian, Christian Fischer, Hermann Herz und Hans-Werner Six für ihre Mitarbeit sowie Frau Maier für die sorgfältige Schreibarbeit.

Göttingen, im Februar 1972

Hartmut Noltemeier

Inhalt

§ 1 Graphentheoretische Grundlagen

Zur Definition und Beschreibung spezieller Eigenschaften von Datenmengen („Dateien") erweisen sich graphentheoretische Begriffe als besonders nützlich und wirkungsvoll. Es sollen daher in diesem Abschnitt diejenigen Grundbegriffe der Graphentheorie vorangestellt werden, welche in obigem Zusammenhang unmittelbar relevant werden.

(1.1) *Def.* Ein Graph G ist ein Quadrupel $G = (V, R, \alpha, \omega)$ mit einer nichtleeren Menge V („Eckenmenge"), einer Menge R („Pfeilmenge") und zwei Abbildungen:

$\alpha : R \to V$ ($\alpha(r)$: „Anfangsecke" von $r \in R$)
$\omega : R \to V$ ($\omega(r)$: „Endecke" von $r \in R$).

Beispiel: $V = \{v_1, \ldots, v_5\}$, $R = \{r_1, \ldots, r_7\}$,

i	1	2	3	4	5	6	7
$\alpha(r_i)$	3	1	2	4	3	5	1
$\omega(r_i)$	4	5	2	1	4	2	3

Repräsentiert man die Ecken des Graphen ($v \in V$) durch Punkte in der Zeichenebene, die Pfeile ($r \in R$) durch gerichtete Verbindungslinien zwischen ihren Anfangs- und Endecken, so erhält man folgende geometrische Veranschaulichung:

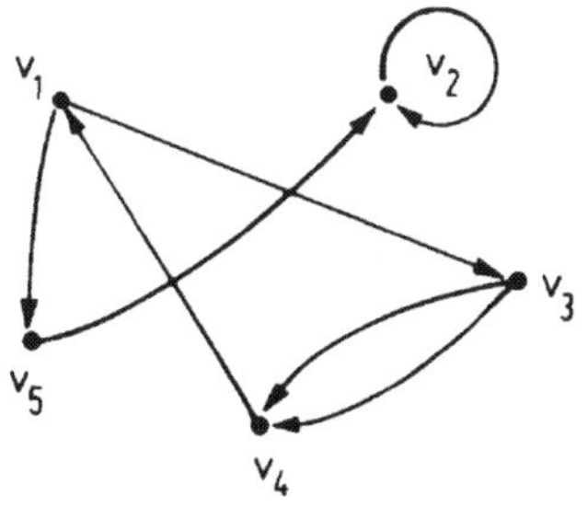

(1.2) *Def.* Sei $G = (V, R, \alpha, \omega)$ ein Graph und $r_1, r_2 \in R$;

a) r_1 und r_2 sind *parallel* g.d.w.
$\alpha(r_1) = \alpha(r_2)$ und $\omega(r_1) = \omega(r_2)$.

b) r_1 ist eine *Schleife* g.d.w.
$\alpha(r_1) = \omega(r_1)$.

c) G ist ein *Graph ohne Parallelen* („G.o.P.") g.d.w.
gilt: $\alpha(r_1) = \alpha(r_2), \omega(r_1) = \omega(r_2) \Rightarrow r_1 = r_2$.

d) G ist ein *einfacher Graph* (kurz: G ist einfach) g.d.w. gilt: G ist ein G.o.P. und G besitzt keine Schleifen.

Graphen ohne Parallelen lassen sich einfacher formulieren, wenn wir die Tatsache benutzen, daß i.d.F. jeder Pfeil $r \in R$ durch seine Anfangs- und Endecke eindeutig bestimmt ist:

(∗) $R \ni r \overset{1:1}{\longleftrightarrow} (\alpha(r), \omega(r)) \in V \times V$.

(1.3) *Def.* Ein Graph ohne Parallelen ist ein Paar $G = (V, R)$ mit einer nichtleeren Menge V („Eckenmenge") und einer Menge $R \subset V \times V$ (R: „Pfeilmenge").

Beispiel: $v = \{v_1, \ldots, v_5\}$, $R = \{(v_2, v_3), (v_4, v_1), (v_3, v_3), (v_5, v_2)\}$

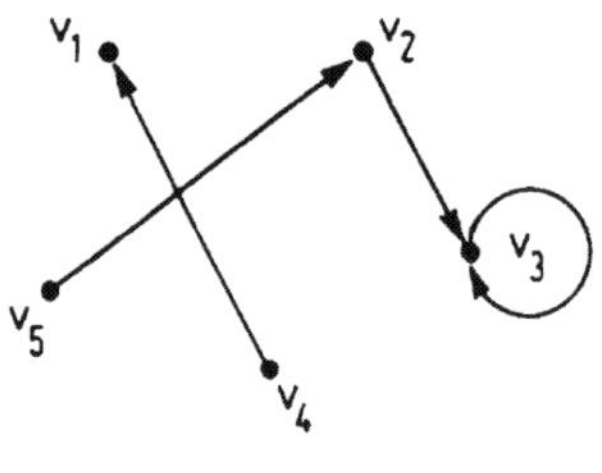

G = (V, R)

Aus G = (V, R) gewinnt man die ursprüngliche Definition dieses Graphen unmittelbar mittels (∗).

(1.4) *Def.* (Globale Eigenschaften)
Sei G ein Graph o.P. und $u, v, w \in V$;

a) G ist *symmetrisch* g.d.w. gilt:
$(v, w) \in R \Rightarrow (w, v) \in R$.

b) G ist *antisymmetrisch* g.d.w. gilt:
$(v, w) \in R \Rightarrow (w, v) \notin R$.

c) G ist *transitiv* g.d.w. gilt:
$(u, v) \in R, (v, w) \in R \Rightarrow (u, w) \in R$.

d) G ist *vollständig* g.d.w. gilt:
$v \neq w, (v,w) \notin R. \Rightarrow (w,v) \in R$.

Beispiel:

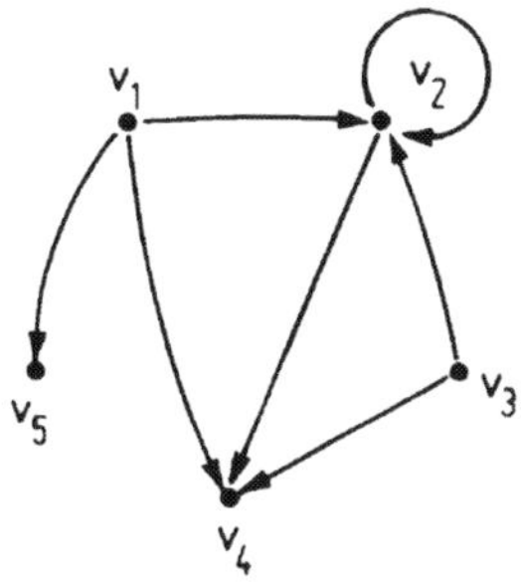

G ist transitiv, aber nicht symmetrisch, nicht antisymmetrisch ($(v_2, v_2) \in R$) und nicht vollständig.

(1.5) *Def.* (Lokale Eigenschaften)
Sei $G = (V, R, \alpha, \omega)$ ein Graph und $v \in V$;

a) $N(v) := \{w \in V \mid$ es existiert ein $r \in R$ mit $\alpha(r) = v, \omega(r) = w\}$
ist die *Nachfolgermenge* ($w \in N(v)$: „Nachfolger von v") von v.

b) $V(v) := \{w \in V \mid$ es existiert ein $r \in R$ mit $\alpha(r) = w, \omega(r) = v\}$ ist die *Vorgängermenge* ($w \in V(v)$: *„Vorgänger von* v"*) von* v.

c) $g^+(v) := \| \{r \in R \mid \alpha(r) = v\} \|$ ist der *Außengrad* von v,
$g^-(v) := \| \{r \in R \mid \omega(r) = v\} \|$ ist der *Innengrad* von v,

$g(v) := g^+(v) + g^-(v)$ ist der Grad von v.*

Ist $g(v) = 0$, so ist r eine *isolierte Ecke.*

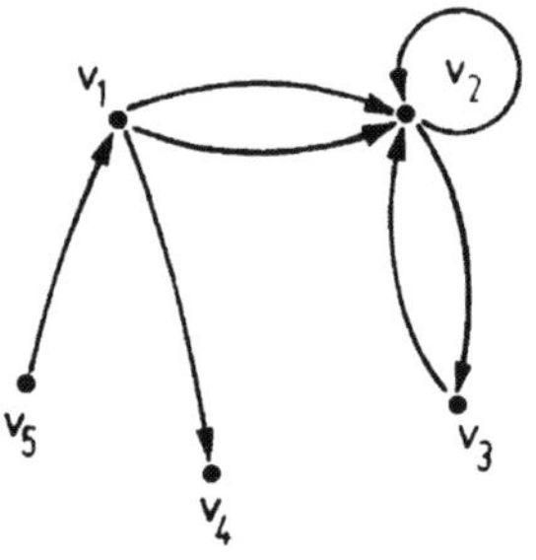

Beispiel: $N(v_2) = \{v_2, v_3\}$, $g^+(v_2) = 2$,
$V(v_2) = \{v_1, v_2, v_3\}$, $g^-(v_2) = 4$,
$g(v_2) = 6$.

(1.6) *Def.* a) Ein *Pfeilweg w* in einem Graphen $G = (V, R, \alpha, \omega)$ ist eine alternierende Folge

$$w = (v_{i_1}, r_{i_1}, v_{i_2}, \ldots, r_{i_k}, v_{i_{k+1}}) \ (k \geqslant 0)$$

von Ecken und Pfeilen mit der Eigenschaft:

$$\alpha(r_{i_j}) = v_{i_j},\ \omega(r_{i_j}) = v_{i_{j+1}} \quad (j = 1, \ldots, k).$$

b) v_{i_1} heißt die *Anfangsecke von w*, $v_{i_{k+1}}$ die *Endecke von w;* die *Länge l* (w) von w ist gleich k: $l(w) = k$. Die Eckenfolge $s(w) := (v_{i_1}, v_{i_2}, \ldots\, v_{i_{k+1}})$ heißt die *Spur von w.* Ist G ein Graph ohne Parallelen, so ist w durch s(w) eindeutig bestimmt und wir schreiben i.d.F. kurz: $w = [v_{i_1}, v_{i_2}, \ldots, v_{i_{k+1}}]$.

c) w ist ein *Pfeilzykel* g.d.w. $v_{i_1} = v_{i_{k+1}}$ und $k \geqslant 1$ ist.

----

* für unsere Zwecke reicht es aus, die Mengen V und R als endlich vorauszusetzen. Wir gehen im folgenden stets von dieser Voraussetzung aus.

d) w ist ein *einfacher* Pfeilweg („einfach") g.d.w. gilt:

$$r_{i_j} \neq r_{i_l} \quad \forall\, j \neq l$$

e) w ist ein *elementarer* Pfeilweg („elementar") g.d.w. gilt: $v_{i_j} \neq v_{i_l}$ $\forall\, j < l$ außer im Fall: $j = 1, l = k + 1$.

Beispiel: $w_1 = (v_1, r_1, v_2, r_4, v_5, r_7, v_4)$
ist ein elementarer Pfeilweg in G;
$w_2 = (v_2, r_4, v_5, r_5, v_1, r_1, v_2)$
ist ein elementarer Pfeilzykel in G;
$w_3 = (v_2, r_4, v_5, r_5, v_1, r_1, v_2, r_2, v_3)$
ist ein einfacher, aber nicht elementarer Pfeilweg in G.

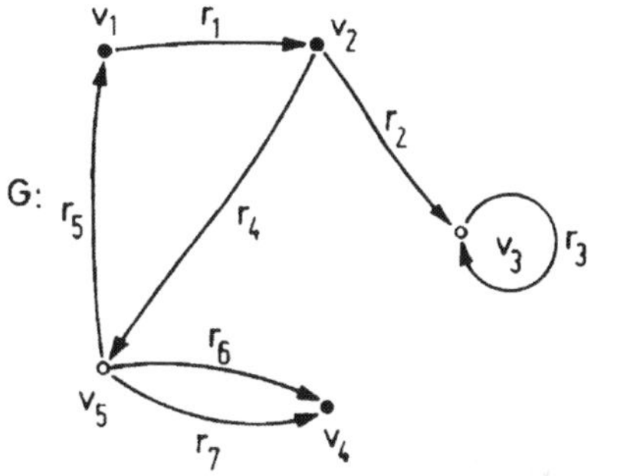

Anmerkung: Ein elementarer Pfeilweg w in G ist einfach und es gilt: $l(w) \leqslant \|V\|$.

(1.7) *Def.* Sei $G = (V, R, \alpha, \omega)$ ein Graph und $v, w \in V$;

a) w heißt in G von v aus *erreichbar*, g.d.w. gilt: es existiert ein Pfeilweg w' in G mit Anfangsecke v und Endecke w.

b) *v und w heißen streng zusammenhängend* g.d.w. w von v und v von w aus in G erreichbar ist.

c) G ist *streng zusammenhängend* g.d.w. gilt: v und w sind streng zusammenhängend $\forall\, v, w \in V$.

(1.8) *Def.* Sei $G = (V, R)$ ein Graph ohne Parallelen;

$G_{sym} := (V, R_{sym})$ heißt die (einfache) *symmetrische Hülle von G* g.d.w. $R_{sym} = \{(v, w) \mid (v, w) \in R$ oder $(w, v) \in R, v \neq w\}$.

Beispiel:

G:

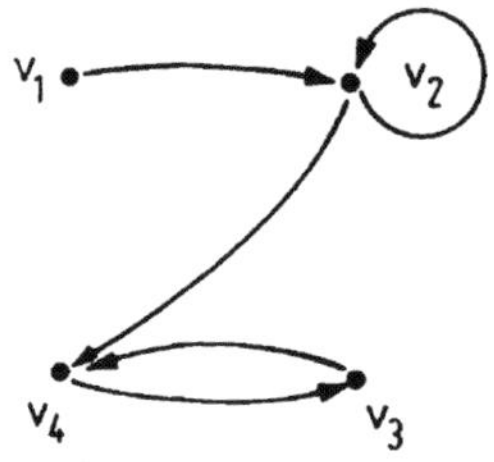

G_{sym}:

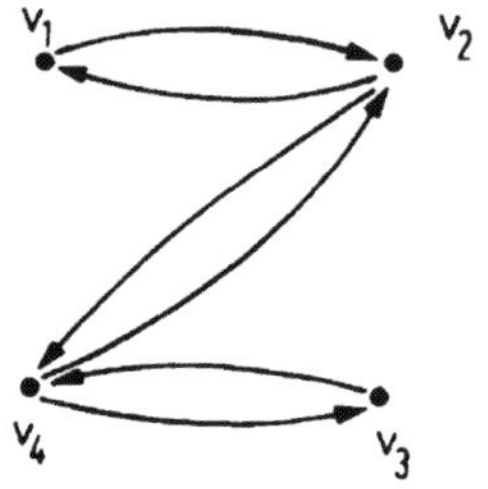

(1.9) *Def.* Sei G = (V, R) ein Graph ohne Parallelen;
G heißt *schwach zusammenhängend* g.d.w.
G_{sym} streng zusammenhängend ist.

Im voranstehenden Beispiel ist G nicht streng zusammenhängend, aber schwach zusammenhängend.

(1.10) *Def.* Sei G = (V, R) ein Graph ohne Parallelen; G ist ein *gerichteter Baum* g.d.w. gilt:
1. G ist schwach zusammenhängend,
2. $||R|| = ||V|| - 1$.

Beispiel: $V = \{v_1, \ldots, v_6\}$,
$R = \{r_1, \ldots, r_5\}$;
G ist schwach zusammenhängend, also ein gerichteter Baum.

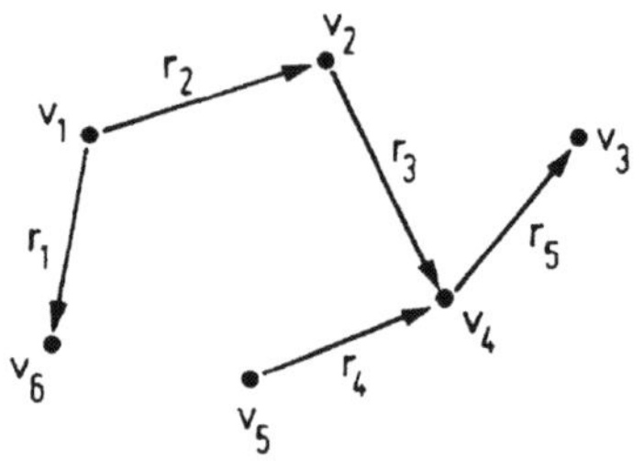

(1.11) *Def.* Ein *gerichteter Wurzelbaum* ist ein gerichteter Baum mit der Eigenschaft:

$|V(v)| \leq 1 \quad \forall v \in V.$

Beispiel:

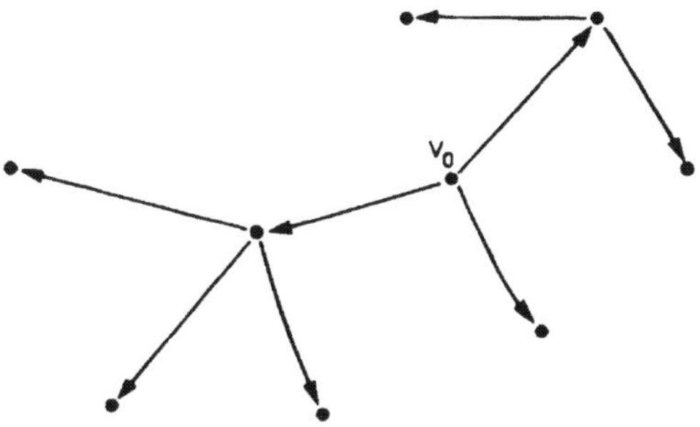

(1.12) *Satz:* Jeder gerichtete Wurzelbaum G besitzt genau eine Ecke v_0 („Wurzel"), von der aus jede andere Ecke $v \in V$ auf genau einem Pfeilweg erreichbar ist.

Den Beweis überlassen wir dem Leser als Übungsaufgabe.

(1.13) *Def.* Sei $G = (V, R, \alpha, \omega)$ ein Graph und $v \in V$; das Supremum der Längen aller Pfeilwege mit Endecke v bezeichnen wir als *Rang* $r(v)$ von v:

$$r(v) := \sup l(w) \qquad w{:}v \text{ ist Endecke von } w$$

Beispiel: $r(v_1) = \infty$

$r(v_2) = \infty$, weil $w = [v_1, v_2, v_4, v_1]$ ein Pfeilweg in G ist

$r(v_4) = \infty$

$r(v_3) = 0,$

$r(v_5) = 1,$

$r(v_6) = \infty.$

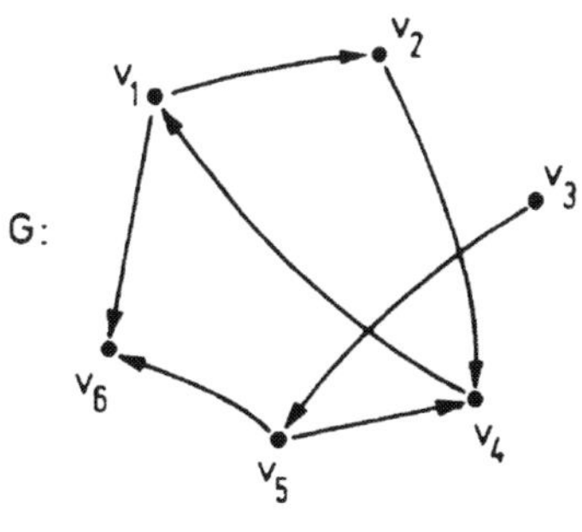

(1.14) *Def.* (Teile eines Graphen)
Sei G = (V, R) ein Graph ohne Parallelen und $W \subset V (W \neq \emptyset)$ und $S \subset R$;

a) $G_S = (V, S)$ ist der *durch S induzierte Partialgraph von G*

b) $G_W = (W, R \cap (W \times W))$ der *durch W induzierte volle Subgraph von G,*

c) $G_{S,W} = (W, S \cap (W \times W))$ der *durch S und W induzierte Subgraph* von G.

Beispiel: $V = \{v_1, \ldots, v_5\}$,
$R = \{(v_1, v_2), (v_2, v_1), (v_1, v_5), (v_2, v_4), (v_5, v_4)\}$,
$W = \{v_1, v_3, v_4, v_5\}$,
$S = \{(v_1, v_2), (v_2, v_4), (v_5, v_4)\}$

G:
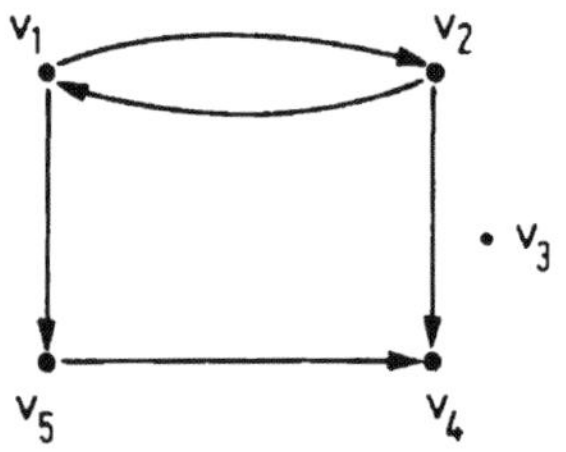

G_S:
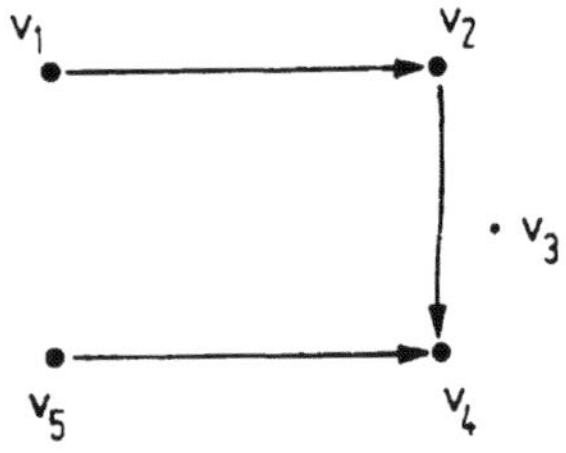

G_W:
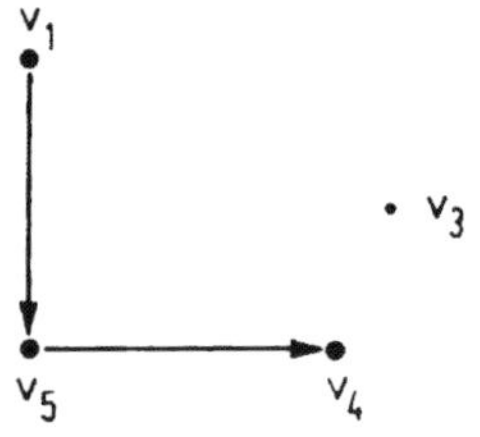

$G_{S,W}$:
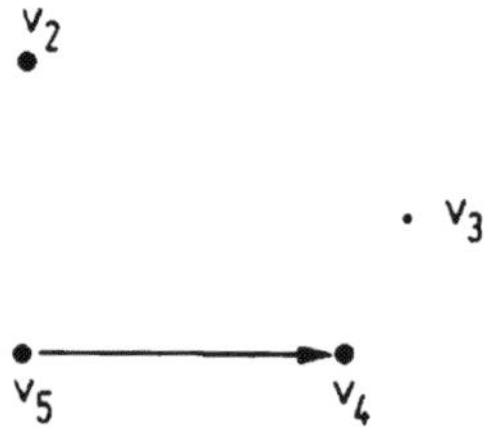

(1.15) *Def.* Ein Graph G' = (V', R') heißt *Subgraph* von G = (V, R) g.d.w. gilt:
$V' \subset V$ und $R' \subset R$.
G heißt *Obergraph* von G'.

(1.16) *Def.* (Kontraktion in Graphen, Quotientenbildung)
Sei $G = (V, R)$ ein Graph ohne Parallelen und V_0 eine nicht leere Teilmenge der Eckenmenge $V = \{v_1, \ldots, v_n\}$;
$G\widehat{V_0} = (V', R')$ ist die *Kontraktion von G bezüglich V_0* g.d.w. gilt:

$V' = (V - V_0) \cup \{v_0\}$,

$R' = \{(v, w) \in R \mid v, w \in V - V_0\} \cup R_0$ mit

$R_0 = \{(v_0, w) \mid \exists \; v \in V_0 \text{ mit } (v, w) \in R\}$
$\cup \; \{(w, v_0) \mid \exists \; v \in V_0 \text{ mit } (w, v) \in R\}$.

Beispiel: $V_0 = \{v_2, v_3, v_7\}$

G:

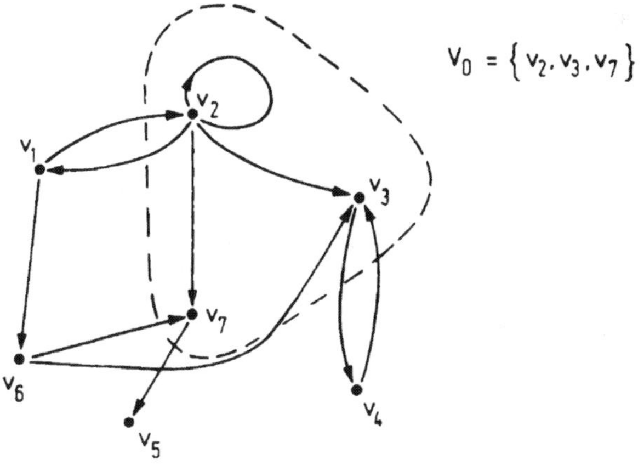

$G\hat{V}_0$:

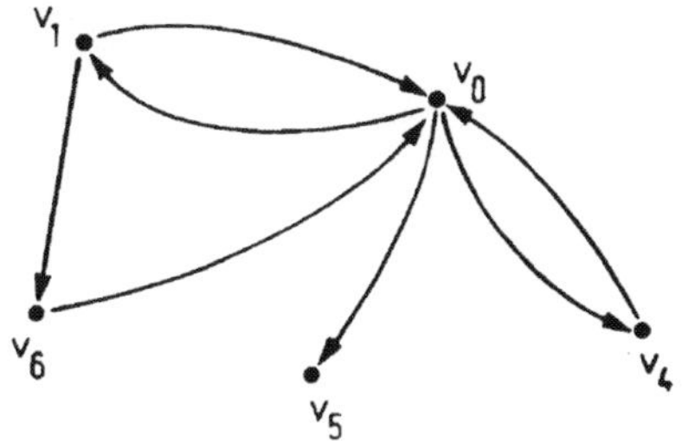

(1.17) *Def.* Sei $G = (V, R)$ ein Graph ohne Parallelen; ein Graph $G^* = (V^*, R^*)$ heißt eine *Kontraktion von G* g.d.w. gilt: es existiert eine Folge $(G_i)_{i=1,\dots,n}$ von Graphen $G_i = (V_i, R_i)$ und Eckenteilmengen $(V_0^{(i)})_{i=1,\dots,n}$ mit $V_0^{(i)} \subset V_i$ und folgenden Eigenschaften:*)

$G_1 = G$,

$G_n = G^*$,

G_{i+1} ist Kontraktion von G_i bezüglich $V_0^{(i)}$.

Übungsaufgabe 1: Man beweise Satz (1.12)!

Übungsaufgabe 2: Sei $G = (V, R)$ ein gerichteter Wurzelbaum; man zeige: zu G existiert ein gerichteter Wurzelbaum $G' = (V, R')$ mit

1. $\|N(v)\| \leqslant 2 \ \forall v \in V$,
2. ist $w = [v_0, v_{i_1}, \dots, v_{i_k} = v]$ der von v_0 zu v $(\neq v_0)$ führende Pfeilweg in G, $w' = [v_0, v'_{i_1}, \dots, v'_{i_{k'}} = v]$ der von v_0 zu v führende Pfeilweg in G', so gilt: $v_0, v_{i_1}, \dots, v_{i_k}$ ist Teilfolge von $v_0, v'_{i_1}, \dots, v'_{i_{k'}}$.

G' heißt ein zu G korrespondierender *binärer* gerichteter Wurzelbaum.

Übungsaufgabe 3: Man stelle den arithmetischen Ausdruck

$$(a * (b - c) + d) + ((e - f) + g) : h$$

durch einen binären Wurzelbaum dar, wobei jeder Ecke ein Element der Menge $\{a, b, \dots, h, +, -, *, :\}$ zugeordnet sei. Man gebe ferner

*) Die Gleichheit von Graphen bezieht sich auf folgende Isomorphiedefinitionen: $G_1 = (V_1, R_1, \alpha_1, \omega_1)$ und $G_2 = (V_2, R_2, \alpha_2, \omega_2)$ sind isomorph (i.Z. $G_1 = G_2$) g.d.w. eine bijektive Abbildung τ: $V_1 \cup R_1 \to V_2 \cup R_2$ existiert mit folgenden Eigenschaften:

1. $\tau(V_1) = V_2$, $\tau(R_1) = R_2$,

$$\left.\begin{array}{l}\alpha_2(\tau(r)) = \tau(\alpha_1(r)) \\ \omega_2(\tau(r)) = \tau(\omega_1(r))\end{array}\right\} \quad \forall r \in R.$$

ein Durchlaufprinzip der Ecken des Baumes an, mit welchem der ursprüngliche Ausdruck eindeutig rekonstruierbar ist.

§ 2 Lineare Dateien

2.1 Der Begriff der Datei

Bei der Beschreibung und Analyse von Datenmengen größeren Umfangs zerlegt man gewöhnlich den Datenbestand – wie etwa bei der logischen Gliederung des Inhalts eines Buches – auf Grund naheliegender Kriterien in gewisse Teilmengen, diese Teilmengen wiederum in Unterteilmengen u.s.w. bis man auf für den Betrachter unzerteilbare Bestandteile stößt. Üblicherweise benutzt man dabei folgende Begriffshierarchie:

Datei
Block
Satz
Segment
Feld
Zeichen
Bit

Eine Datei ist danach eine Menge von Blöcken, ein Block eine Menge von Sätzen, ein Satz eine Menge von Segmenten etc. Die Vorgabe der obigen Begriffshierarchie in 7 Stufen ist willkürlich; sie erfolgt ausschließlich auf Grund der heute üblichen Anforderungen an eine detaillierte Beschreibung von Datenmengen. Die Zahl der Stufen kann geringer vorausgesetzt werden, falls man sich z.B. für die Zerlegung der einzelnen Segmente nicht näher interessiert; sie müßte vergrößert werden, falls eine detaillierte Beschreibung von zunehmend komplizierteren Aggregaten von Datenmengen (etwa Datenbanken, Informationssysteme) dies wünschenswert erscheinen ließe.

Die Begriffshierarchie legt nahe, daß eine Datei in ihrer logischen Struktur durch einen gerichteten Wurzelbaum beschrieben werden kann:

Eine derartige Beschreibung sieht von den Inhalten der einzelnen „Dateiteile" vollständig ab. Dateiteil sei dabei – im Gegensatz zu den Elementen der Datei, d.h. den Blöcken – jede im Laufe des Zerlegungsprozesses auftretende Teilmenge, in der graphischen Veranschaulichung also jede Ecke des Wurzelbaums.

Die Inhalte ergeben sich völlig separat von der logischen Struktur z.B. durch eine Abbildung $\varphi : K_6 \to \{0, 1\}$, die jedem Bit der Datei einen der Werte 0 oder 1 zuordnet. Interessiert den Betrachter die Bitstruktur nicht, so kann durch eine Abbildung

$\Psi : K_5 \to Z$, die jedem Dateielement auf Zeichenebene (K_5)

ein zulässiges Zeichen $z \in Z$ zuordnet, der Inhalt der Datei definiert werden.

Für unsere Zwecke ist die „Semantik" einer Datei oft belanglos; bei verketteten Dateien jedoch wird auf den Inhalt einzelner Felder („Adreßverweise") direkt Bezug genommen. Wir setzen daher im folgenden voraus, daß für unsere Dateien o.E. eine Abbildung $\varphi : K_6 \to \{0, 1\}$ vorgegeben ist.

Neben der logischen Struktur und „Semantik" einer Datei muß zur vollständigen Beschreibung ferner definiert sein, wie man zu den einzelnen Teilen der Datei zugreifen kann. Das führt zu folgender

(2.1.1) *Def.* Eine *Datei* D ist ein Quadrupel
$D = (B(D), Z(D), A(D), \varphi_D)$ mit folgenden Eigenschaften:

1. $B(D) = (V, R)$ ist ein gerichteter Wurzelbaum („logische Struktur")
2. Z(D) ist ein Graph o.P., dessen Eckenmenge mit der Eckenmenge von B(D) übereinstimmt („Zugriffsgraph")
3. A(D) ist eine Abbildung der Menge U(D) („unmittelbar adressierte Dateiteile") der Ecken mit Rang 0 (bezüglich Z(D)) in die natürlichen Zahlen („Adressen")

   $A(D) : U(D) \rightarrow N$ („Adreßverzeichnis")
4. φ_D ist eine Abbildung der Eckenmenge maximalen Ranges (bezüglich B (D)) in die Menge $\{0,1\}$:

   $\varphi_D : K_m(D) \rightarrow \{0, 1\}$ mit $m := \max r(v)$ in B(D),
   $K_m(D) := \{v \in V \mid r(v) = m \text{ in } B(D)\}$.

Wir fordern zusätzlich, daß jedes Dateiteil ($v \in V$) der Datei mittels Adreßverweis A(D) und Zugriffsgraph Z(D) erreichbar ist und mittels φ_D inhaltlich bestimmbar ist:

5. Für jedes $v \in V$ existiert eine Ecke $v_0 \in V$ mit $r(v_0) = 0$ (bezüglich Z(D)) und ein Pfeilweg w in Z(D) mit Anfangsecke v_0 und Endecke v.
6. Zu jedem $v \in V$ existiert ein $v' \in K_m(D)$ und ein Pfeilweg w in B(D) mit Anfangsecke v und Endecke v'.

Ist $K_i(D) := \{v \in V \mid r(v) = i \text{ in } B(D)\}$ die Menge der Ecken mit Rang i in B(D), so bezeichnen wir $K_0(D)$ als Ursprung der Datei D,
$K_1(D)$ als Menge der Blöcke von D,
$K_2(D)$ als Menge der Sätze von D,
$K_3(D)$ als Menge der Segmente von D etc.

Beispiel: Wir beschränken uns aus Gründen der einfachen Darstellung auf eine Datei, deren Segmentzerlegung nicht interessiert und daher bei der Betrachtung unterdrückt wird.

$D = (B(D), Z(D), A(D), \varphi_D)$ mit

B(D):

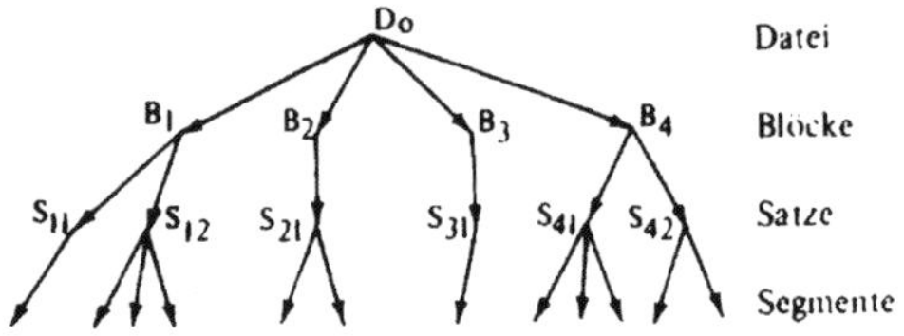

Z(D):

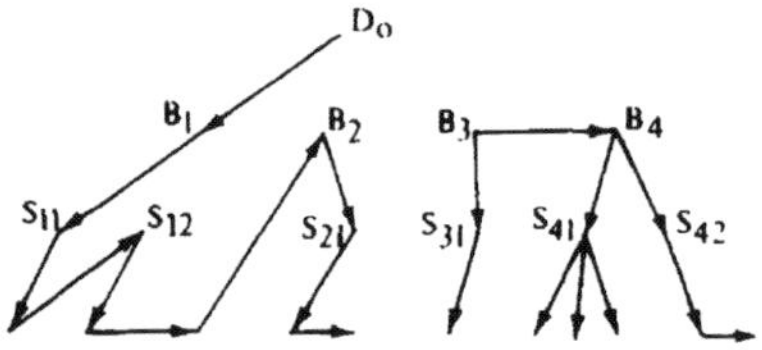

$$A(D): \quad U(D) = \{D_0, B_3\} \quad A(D_0) = 2000$$
$$A(B_3) = 2400$$

Man prüft leicht nach, daß die Eigenschaften 1. – 5. der Def. (2.1.1) erfüllt sind. Die Menge der direkt adressierten Dateiteile enthält genau D_0 und B_3. Alle übrigen Dateiteile können von U(D) mittels Zugriffsgraph Z(D) erreicht werden. Die Realisierung der Pfeile des Zugriffsgraphen kann dabei auf verschiedene Weisen geschehen: physikalisch sequentielle Anordnung im Hauptspeicher oder auf externem Speicher, Adreßverkettung o.ä.

Die Adressen wählen wir o.E. als natürliche Zahlen; bei realisierter Systemkonfiguration setzen wir daher eine injektive Abbildung der Menge der realisierten Adressen in die Menge der natürlichen Zahlen voraus.

Im voranstehenden Beispiel erkennt man, daß zu den Blöcken B_1 und B_2 und ihren Teilen sequentiell zugegriffen wird. Es würde daher zur Beschreibung des Zugriffs in der Datei D genügen, folgenden Graphen anzugeben, sofern man sich nicht für die spezielle Reihenfolge des Zugriffs bei den einzelnen Teilen von B_1, B_2, S_{11} usw. interessiert:

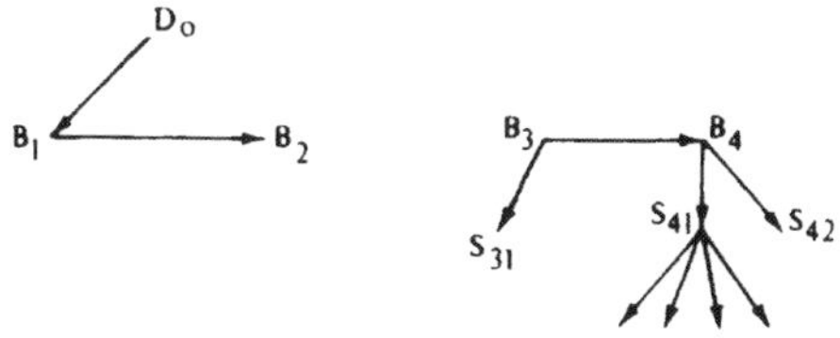

Hierbei wird unterstellt, daß zu sämtlichen Teilen von B_1 (in nicht näher präzisierter Reihenfolge) sequentiell zugegriffen wird und danach sämtliche Teile von B_2 sequentiell erreichbar sind.

Der oben geometrisch veranschaulichte Graph ist offenbar eine Kontraktion von Z(D). Kontrahiert zu v_0 werden dabei alle Dateiteile $v \in V$, die von einem Dateiteil $v_0 \in V$ in B(D) erreichbar sind, genau dann, wenn der Zugriff zu v in Z(D) über v_0 erfolgen muß und durch einen elementaren Pfeilweg realisiert wird, dessen Spur die zu kontrahierenden Ecken exakt enthält.

Wir werden im folgenden häufig auf die vollständige Angabe von Z(D) zugunsten einer Kontraktion von Z(D) im obigen Sinne verzichten.

Anmerkung: Das Adreßverzeichnis A(D) wird gewöhnlich wiederum durch eine Datei realisiert. Üblicherweise wird man gewisse Einfachheitskriterien von dieser Datei voraussetzen, z.B. Linearität o.ä. (vgl. (2.2)).

Übungsaufgabe 4: Man beschreibe die Menge der im obengenannten Sinne kontrahierbaren Ecken von Z(D) exakt mit graphentheoretischen Begriffen.

2.2 Lineare Dateien

(2.2.1) *Def.* Eine Datei D = (B(D), Z(D), A(D), φ_D) ist *linear* g.d.w. Z(D) ein elementarer Pfeilweg ist.

Aus der Definition folgt, daß genau ein unmittelbar adressierter Dateiteil von D existiert, von dem aus zu allen weiteren Dateiteilen längs eines Pfeilwegs genau einmal zugegriffen werden kann. Typische physische Realisationen linearer Dateien sind Datenbestände auf Magnetbändern, bei denen nur eine Bewegungsrichtung erlaubt ist.

Lineare Dateien sind von ihrer Struktur her primitiv. Dennoch lassen sich einige charakteristische Typen unterscheiden, sofern die Datei nicht nur statisch, sondern als Eingabe- und/oder Ausgabedatei bei Verarbeitungsvorgängen betrachtet wird. Unter einer Verarbeitungsform verstehen wir einen wohldefinierten Algorithmus, der aus m Eingabedateien $D_1, \ldots, D_m$ n Ausgabedateien $D_1', \ldots, D_n'$ erstellt:

$$D_1, \ldots, D_m \to D_1', \ldots, D_n'.$$

Eine exakte Definition einer Verarbeitungsform erfolgt durch Angabe eines entsprechenden Automaten oder einer Maschine. Wir beschränken uns in diesem Zusammenhang auf *„elementare Verarbeitungsformen"* linearer Dateien wie

1. Einfügen eines neuen Elements
2. Löschen eines Elements
3. Suchen nach einem Element mit bestimmtem Inhalt
4. Suchen und Ändern eines Elements
5. Aufspalten einer Datei in zwei Dateien
6. Sortieren einer (sortierbaren) Datei

und verzichten hier auf eine strenge Definition für 1.–6.

(2.2.2) *Def.* Ein *Keller* (stack, push down list, LIFO list (*l*ast *i*n *f*irst *o*ut)) ist eine lineare Datei, bei der die elementaren Verarbeitungsformen (1.) und (2.) ausschließlich an der Ecke des unmittelbar adressierten Dateiteils vorgenommen werden.

Veranschaulichung:

1. Einfügen („Kellern"):

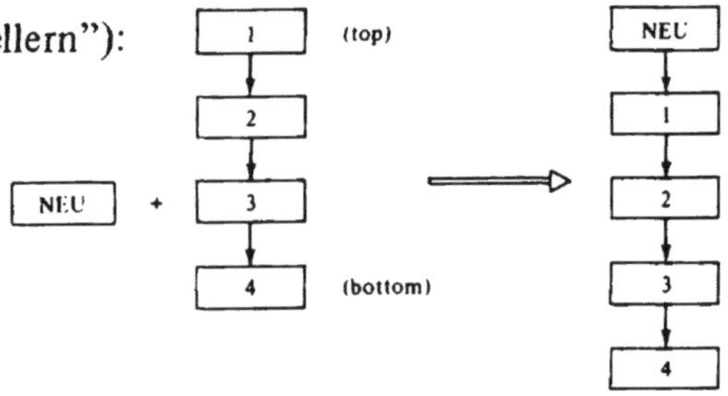

2. Löschen („Entkellern"):

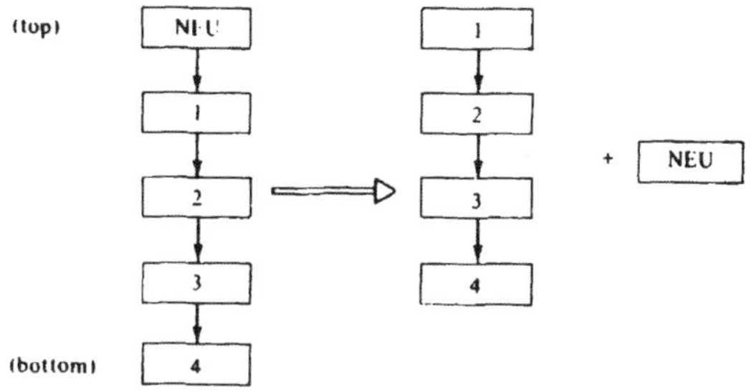

Eine wichtige Einsatzmöglichkeit von Kellern bietet das Speichern der Rücksprungadressen bei geschachteltem Unterprogrammaufruf:

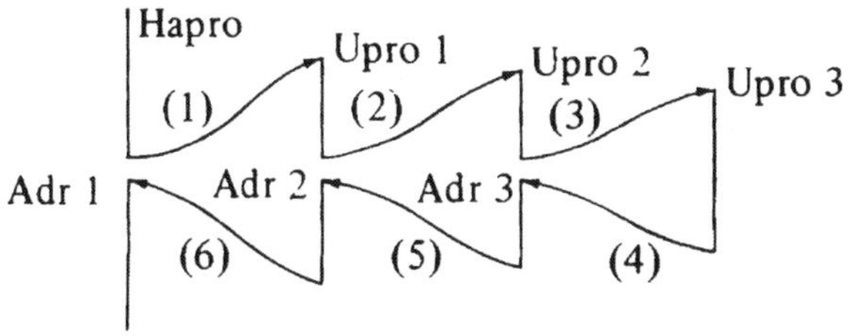

Die voranstehende Figur beschreibt den Durchlauf eines Hauptprogramms (Hapro) und dreier Unterprogramme; die mit (1), (2), (3) markierten Pfeile repräsentieren die Sprünge in Unterprogramme, die mit (4), (5), (6) markierten Pfeile die Rücksprünge in das jeweilige Oberprogramm. Zu merken sind jeweils die Rücksprungadressen Adr 1, Adr 2 und Adr 3 der nächstfolgenden Instruktion im Oberprogramm.

Dazu benutzen wir einen *Adressenkeller:*

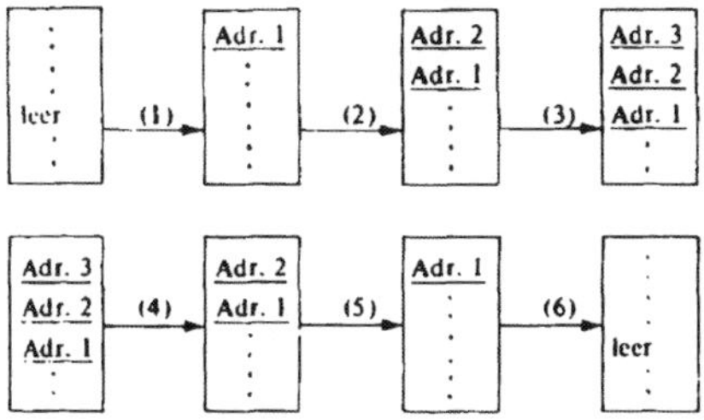

Durch das Kellern bzw. Entkellern des Adressenkellers wird also jeweils die aktuelle Rücksprungadresse an der Spitze (top) des Kellers gespeichert bzw. ausgegeben und gelöscht.
Die Eingabefolge der Adressen wird dabei umgekehrt ausgegeben. Auf weitergehende Möglichkeiten, Eingabefolgen mittels Keller zu verändern, wird in der Übungsaufgabe 5 hingewiesen.

Die Programmierung von Kellern soll mittels Algol-statements kurz skizziert werden; dazu werden vorausgesetzt:
ein Register R_1: $<R_1>$:= Zahl der aktuellen Elemente des Kellers,
ein Feld: KELLER [1:M], M:= maximale Zahl der aufnehmbaren Elemente,
eine Marke: UEBERLAUF,
eine Marke: LEER.

1. Einfügen (Kellern): $<R_1>$:= $<R_1>$ + 1;
   if $<R_1>$ greater M then goto UEBERLAUF
   else KELLER [$<R_1>$] := NEUELEMENT;

2. Löschen und Ausgabe (Entkellern):
   if $<R_1>$ = 0 then goto LEER else
   begin ELEMENT:= KELLER [$<R_1>$] ;
   $<R_1>$:= $<R_1>$ - 1 end;

Sind für verschiedene Zwecke mehrere Keller in einem Systemprogramm notwendig, so wird man aus Gründen der Speicherplatzersparnis versuchen, zwei gegenläufige Keller in einem reservierten Hauptspeicherbereich unterzubringen. Zusätzlich notwendig wird dabei ein weiteres Register R_2, das die Zahl der aktuellen Elemente des zweiten Kellers aufnimmt; Ueberlauf tritt dann auf, wenn $<R_1>$ + $<R_2>$ die vorgegebene Schranke M übersteigt:

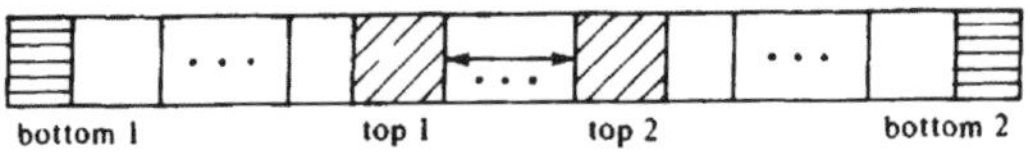

(2.2.3) *Def.* Eine *Schlange* (queue) ist eine lineare Datei, bei der die elementaren Verarbeitungsformen (1) und (2) ausschließlich an den Ecken minimalen und maximalen Ranges in Z(D) vorgenommen werden.

Eine *einseitig beschränkte* Schlange ist eine Schlange, bei der das Einfügen (1) oder das Löschen (2) nur an einer der oben erwähnten Ecken stattfindet.
Eine *zweiseitig beschränkte* Schlange ist eine Schlange, bei der das Einfügen an genau einer der erwähnten Ecken, das Löschen an der anderen ausgezeichneten Ecke von Z(D) vorgenommen wird.

Veranschaulichung:

a) Zweiseitig beschränkte Schlange (FIFO-list):

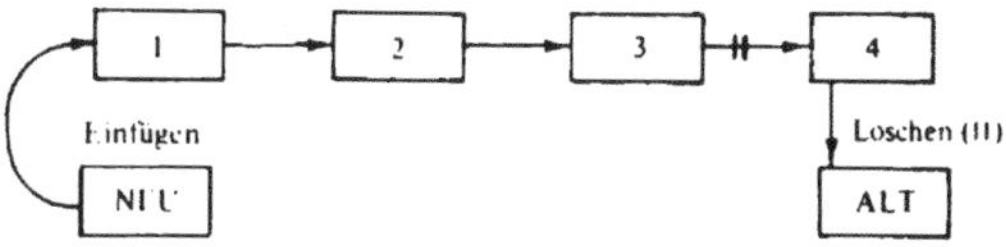

b) Einseitig beschränkte Schlange:

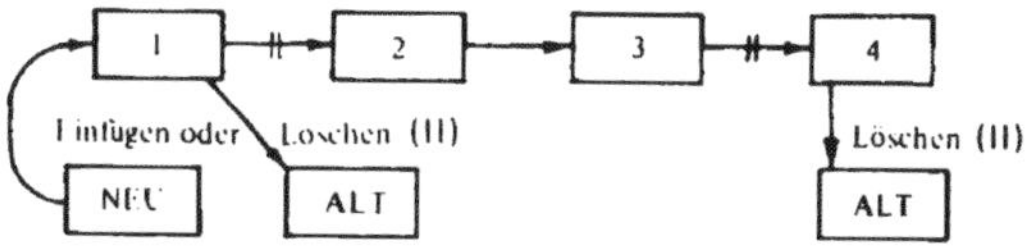

c) Schlange:

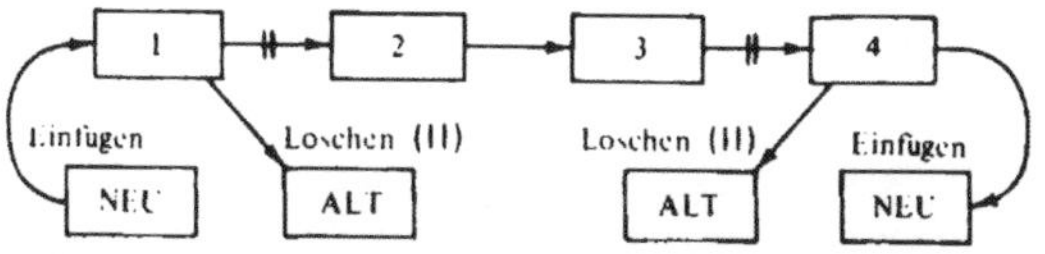

Anmerkung: Ein Keller ist eine spezielle einseitig beschränkte Schlange; Schlangen bieten daher weitaus mehr Möglichkeiten als Keller. Besondere Einsatzmöglichkeiten existieren offenbar bei allen Typen von Warteschlangen, die in einem System intern wie auch extern auftreten können.

Die Programmierung von Schlangen ist nicht wesentlich schwieriger als die von Kellern. Wir skizzieren die Programmierung einer zweiseitig beschränkten Schlange; dazu benötigen wir

ein Register R_1: $<R_1>$:= relative Adresse des „Schlangenkopfs"

bezüglich des Feldes SCHLANGE,
ein Register R_2: $<R_2>$:= Zahl der Elemente der Schlange,
eine Marke: UEBERLAUF,
eine Marke: LEER,
ein Feld: SCHLANGE [1:M].

1. Einfügen: if $<R_1> + <R_2>$ equal M then goto UEBERLAUF
   else begin $<R_2> := <R_2> + 1$;
   SCHLANGE [$<R_1> + <R_2>$] := NEUELEMENT;
   end;

2. Löschen: if $<R_2>$ equal 0 then goto LEER
   else
   begin $<R_2> := <R_2> - 1$;
   evtl.: ELEMENT:=SCHLANGE[$<R_1>$];
   $<R_1> := <R_1> + 1$;
   end;

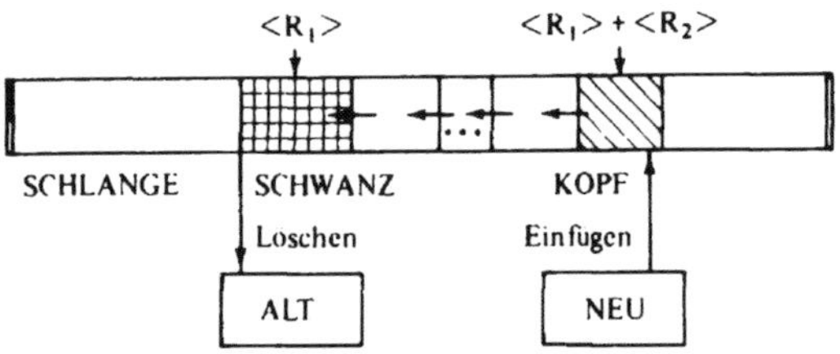

Wächst der Kopf der Schlange über den reservierten Bereich hinaus, so erfolgt ein Sprung in eine Überlaufroutine. In dieser Überlaufroutine kann insbesondere die Speicherung neuer Elemente im Bereich zwischen der Anfangsadresse von SCHLANGE und dem „Schwanz" der Schlange vorbereitet werden, um eine bessere Speicherplatzausnutzung zu erzielen.

(2.2.4) *Verkettete lineare Dateien*

Im Vorgriff auf § 7 (Verkettete Dateien) soll hier kurz auf einfach verkettete lineare Dateien eingegangen werden

(2.2.4.1) *Def.* Eine lineare Datei $D = (B(D), Z(D), A(D), \varphi_D)$ ist *einfach verkettet* (auf Satzebene) g.d.w. gilt: jeder Satz S_j von D besitzt ein (o.E. letztes) Segment Adr (j) mit
<Adr (j)> := Adresse $(S_{j+1}) \in N$,
<Adr (n)> := 0 $\quad (\|K_2(D)\| = n)$.

Veranschaulichung:

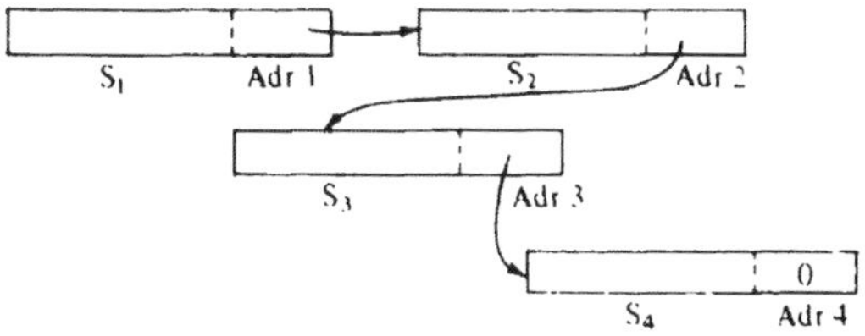

Speichert man Keller oder Schlangen als verkettete Dateien, so erhöht sich i.a. die Verarbeitungszeit bei den elementaren Verarbeitungsformen (1) und (2), die Überlaufroutine aber entfällt; vorausgesetzt wird dabei allerdings die ständige Verwaltung und Vergabe verfügbaren Speicherplatzes.

Der wesentliche Vorteil einfach verketteter linearer Dateien liegt in der Tatsache, daß Einfüge- und Löschvorgänge nicht nur an den Ecken minimalen oder maximalen Ranges (bezüglich Z(D)) leicht bewerkstelligt werden können:

1. *Einfügen* (S_{NEU} hinter S_j):

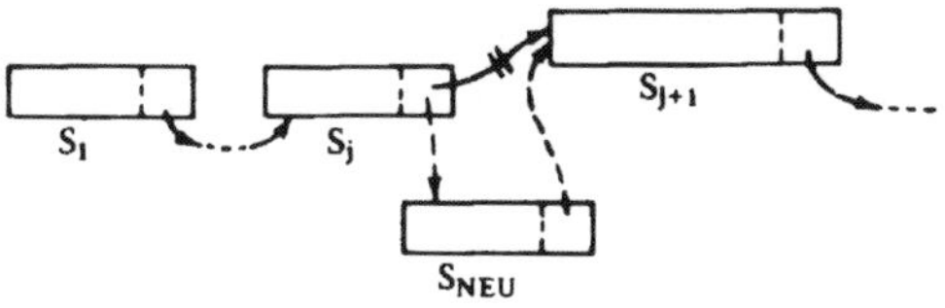

<Adr (NEU)> := <Adr (j) > ;
<Adr (j)> := Adresse (S_{NEU});
<R_1> := <R_1> + 1 („Satzzähler");

2. *Löschen des Satzes S_j:*

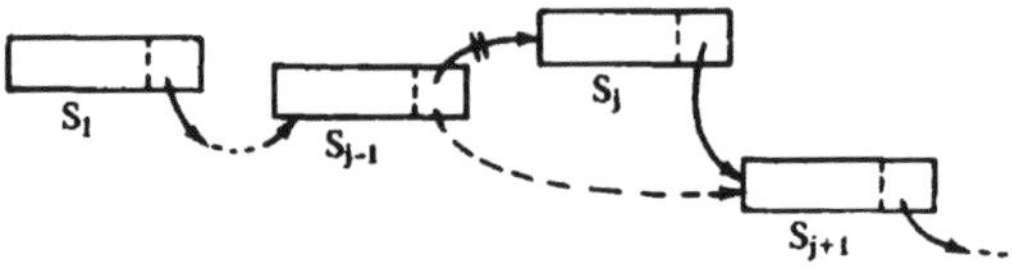

<Adr (j-1)> := <Adr (j)> ;

<R_1> := <R_1> - 1;

Übungsaufgabe 5: Gegeben sei ein Eingabeband, ein Keller und ein Ausgabeband. Eine Maschine mit obiger Ausstattung kann zwei elementare Operationen ausführen:

A) ein Zeichen vom Eingabeband lesen und kellern,

B) ein Zeichen entkellern und auf das Ausgabeband schreiben.

a) Existiert eine Maschine mit obigen Eigenschaften, die aus der Eingabefolge 12345 (mit fünf Dezimalziffern als Zeichen) die Ausgabefolge 23541 erzeugt? Man gebe evtl. die dazugehörige Folge der elementaren Operationen an!

b) Man zeige: befindet sich auf dem Eingabeband die Folge 12 . . . n, so kann man mit Maschinen obigen Typs die Permutation $p_1p_2 \ldots p_n$ genau dann auf dem Ausgabeband erzeugen, wenn es keine Indizes i, j, k ϵ $\{1, 2, \ldots, n\}$ gibt mit $i < j < k$ und $p_j < p_k < p_i$.

c) Wieviele Permutationen kann man aus einer gegebenen Eingabefolge 12 . . . n erhalten?

Übungsaufgabe 6: Man übernehme die Voraussetzungen von Übungsaufgabe 5, ersetze dabei aber den Keller durch eine Schlange.

a) Gibt es bei (unbeschränkten) Schlangen Permutationen der Eingabefolge 12 . . . n, die nicht durch eine geeignete Maschine obigen Typs auf dem Ausgabeband erzeugt werden können?

b) Bei einer einseitig beschränkten Schlange, bei der das „Einfügen" auf ein „Dateiende" eingeschränkt ist, sei die Anzahl der auf dem Ausgabeband erzeugbaren Permutationen z_n. Man zeige:

die Zahl der erzeugbaren Permutationen bei einer Schlange, bei der das „Ausgeben und Löschen" auf ein Dateiende beschränkt wird, ist ebenfalls z_n.

§ 3 Speicherung von Matrizen

3.1 Zugriff mittels Dope-Vektors

Ist A eine m x n-Matrix, so kann man die Elemente a_{ij} von A hauptspeichergerecht in einem Bereich mit aufsteigenden Adressen speichern, etwa zeilenweise in der Reihenfolge $a_{11}, \ldots, a_{1n}, a_{21}, \ldots, a_{2n}, \ldots, a_{m1}, \ldots, a_{mn}$. Sei b[1:mxn] der Vektor, der als Speicherbereich reserviert wird; dann gilt offenbar:

$$b[(i-1)\, xn + j] := a_{ij}.$$

Zum Auffinden des Elements a_{ij} ist also eine Adreßrechnung erforderlich, in der vor allen Dingen die Multiplikation recht zeitaufwendig ist.

Hat man eine mehrdimensionale Matrix, etwa ein Feld a mit folgender Dimensionsvereinbarung

$$a[i_1 : k_1, i_2 : k_2, \ldots, i_n : k_n]\ (n > 1, k_j \geqslant i_j\ \forall j),$$

so kann diese $(k_1-i_1+1) \times (k_2-i_2+1) \times \ldots \times (k_n-i_n+1)$-Matrix wiederum in einem Vektor b mit der Dimensionsvereinbarung

$$b[1 : (k_1-i_1+1) \times \ldots \times (k_n-i_n+1)]$$

gespeichert werden.

Wir setzen wieder o.E. zeilenweises Speichern voraus:

$$a_{i_1, i_2, i_n};\ a_{i_1, i_2, \ldots, i_n+1};\ \ldots\ a_{i_1, i_2, \ldots, k_n};$$
$$a_{i_1, i_2, \ldots, i_{n-1}+1, i_n};\ a_{i_1, i_2 \ldots i_{n-1}+1, i_n+1};\ \ldots$$
$$a_{i_1, i_2 \ldots i_{n-1}+1, k_n};$$

Vor dem Element $a_{j_1 .. j_n}$ stehen dann im Vektor b offensichtlich folgende Elemente:

1. alle Elemente $a_{m_1 \dots m_n}$ mit $m_1 < j_1 : (j_1 - i_1) \prod_{l=2}^{n} (k_l - i_l + 1)$
2. alle Elemente $a_{m_1 m_2 \dots m_n}$ mit $m_1 = j_1, m_2 < j_2$:

$$(j_2 - i_2) \prod_{l=3}^{n} (k_l - i_l + 1)$$

.
.
.

s) alle Elemente $a_{m_1 \dots m_s \dots m_n}$ mit $m_l = j_l$ für $l = 1, \dots, s-1$,

$$m_s < j_s : (j_s - i_s) \prod_{l=s+1}^{n} (k_l - i_l + 1)$$

Daraus ergibt sich:

(3.1.1) *Satz:* Bei zeilenweisem Speichern einer mehrdimensionalen Matrix $a[i_1:k_1, \dots, i_n:k_n]$ $(n > 1, k_j \geqslant i_j)$ in einem Vektor

$b[1: \prod_{j=1}^{n} (k_j - i_j + 1)]$ gilt:

$b[q] := a_{j_1 \dots j_n}$ $(i_l \leqslant j_l \leqslant k_l)$ g.d.w.

$$(*)\ q = 1 + \sum_{s=1}^{n} (j_s - i_s) \cdot \prod_{l=s+1}^{n} (k_l - i_l + 1).$$

Das Auffinden des Elementes $a_{j_1 \dots j_n}$ im Vektor b erfordert also einen erheblichen Aufwand an Adreßrechnungen mit einer Fülle von Multiplikationen.

Unabhängig vom aktuellen Element tauchen bei diesen Adreßrechnungen die Produkte

$$\prod_{l=s+1}^{n} (k_l - i_l + 1)$$

auf; es ist daher vorteilhaft, diese Produkte zu einem Vektor („Dope"-Vektor) zusammenzufassen und nur einmal zu berechnen und separat zu speichern:

$$D_s := \prod_{l=s+1}^{n} (k_l - i_l + 1) \quad (s = 1, \dots, n) \quad \textit{Dope-Vektor}$$

Der Aufbau des Vektors erfolgt am günstigsten rekursiv:

$$D_n = 1,$$
$$D_{s-1} := (k_s - i_s + 1) \cdot D_s \qquad s = n, \ldots, 2.$$

Das Auffinden des Elements $a_{j_1 \ldots j_n}$ erfolgt dann durch Rückgriff auf die Komponenten des Dope-Vektors wie folgt:

$$b[q] := a_{j_1 \ldots j_n} \Leftrightarrow q = 1 + \sum_{s=1}^{n} (j_s - i_s) \cdot D_s.$$

Häufig speichert man neben D_s noch $i_s \cdot D_s$ sowie zu Kontrollzwecken i_s und k_s ($s = 1, \ldots, n$). Man erkennt, daß zwei verschiedene Matrizen a_1 und a_2 den gleichen Dope-Vektor benutzen können, sofern ihre Dimension nebst unterer und oberer Grenze übereinstimmen. Intern werden die Laufgrenzen der Variablen allerdings nicht selten so linear transformiert, daß alle unteren Grenzen gleich Null sind.

3.2 Zugriff mittels Wurzelbaums (Iliffe)

Selbst bei Zuhilfenahme des Dope-Vektors benötigt man beim Auffinden des Elements $a_{j_1 \ldots j_n}$ einer n-dimensionalen Matrix Adreßrechnungen, in denen n Multiplikationen auftreten. Will man auch diese zeitaufwendigen Operationen nicht in Kauf nehmen, so kann man die Matrix a mit Hilfe eines gerichteten Wurzelbaums und mittels Adreßkettung – allerdings auf Kosten erhöhten Speicherplatzbedarfs – wie folgt speichern (Iliffe-Verfahren)

1. Alle Adreßrechnungen beziehen sich auf eine feste Ausgangsadresse b
2. Man findet das Element $a_{j_1 \ldots j_n}$ wie folgt:

   $$\ll \ldots \lll b > + j_1 > + j_2 > \ldots > + j_n > := a_{j_1 \ldots j_n}$$

Zum Auffinden sind also genau n Festkommaadditionen und n+1 Ladevorgänge von Registern aus bestimmten Hauptspeicherbereichen erforderlich.

Die Speichertechnik soll an dem Beispiel einer 3-dimensionalen Matrix verdeutlicht werden:

a[3:5, -1:1, 0:1]; gesucht: $a_{4,-1,1}$;

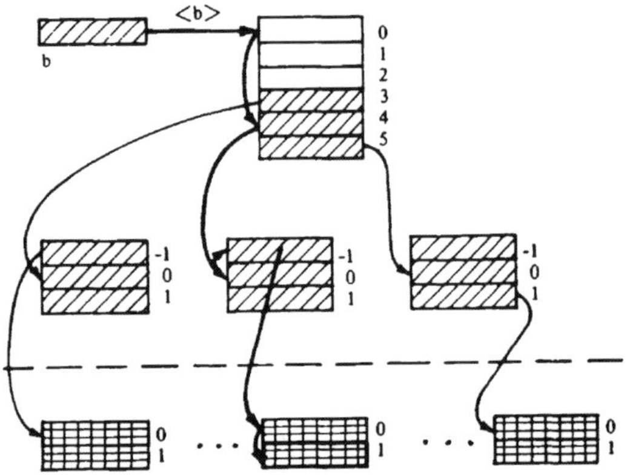

Die geringere Zugriffszeit gegenüber dem Feldzugriff mittels Dope-Vektors wird durch zusätzlichen Speicheraufwand der Adreßverweise (schräg schraffiert) erkauft. Der gesamte Speicheraufwand S_{Iliffe} beträgt offenbar:

$$S_{Iliffe} = 1+(k_1-i_1+1) + (k_1-i_1+1)(k_2-i_2+1) + \ldots$$

$$\ldots + \prod_{s=1}^{n} (k_s-i_s+1), \text{ also}$$

$$S_{Iliffe} = \sum_{s=0}^{n} \prod_{j=1}^{s} (k_j-i_j+1).$$

Da der Speicheraufwand beim Dope-Verfahren $S_{Dope} = \prod_{j=1}^{n} (k_j-i_j+1) + n$

beträgt, folgt aus

$$S_{Iliffe} = \prod_{j=1}^{n} (k_j-i_j+1) \left[1 + \frac{1}{k_n-i_n+1} + \ldots + \frac{1}{\prod_{j=1}^{n} (k_j-i_j+1)}\right]$$

im allein interessierenden Falle $k_j > i_j$ (j = 1, . . . , n):

$$S_{Iliffe} < \prod_{j=1}^{n} (k_j-i_j+1) \cdot 2 < 2 \cdot S_{Dope}.$$

Übungsaufgabe 7: Man zeige: der durch das Iliffe-Verfahren zusätzlich erforderliche Speicherplatzbedarf zur Speicherung einer Matrix $a[i_1:k_1, \ldots, i_n:k_n]$ ($n > 1$, $k_j > i_j$) wird minimiert g.d.w. die Variablen in einer Reihenfolge angeordnet sind, so daß gilt:
$k_j - i_j \leqslant k_{j+1} - i_{j+1} \forall j = 1, \ldots, n-1$.

Übungsaufgabe 8: Eine durch integer array $a[i_1:k_1, \ldots, i_n:k_n]$ ($n > 1$, $i_j < k_j$) vereinbarte n-dimensionale Matrix soll intern durch spaltenweises Abspeichern der Elemente von a als lineare Datei realisiert werden. Man bestimme einen geeigneten Dope-Vektor für den Feldzugriff.

Wie sehen die Komponenten dieses Dope-Vektors im Falle $a[1:2, 3:5, -1:5]$ aus?

§ 4 Suchen in linearen Dateien

Wir setzen eine lineare Datei $D = (B(D), Z(D), A(D), \varphi_D)$ voraus und wollen einen Dateiteil, o.E. einen Satz der Datei aufsuchen durch Identifizieren des gesamten Satzes oder durch Identifizieren eines charakteristischen Segments dieses Satzes („Schlüssel").
Der aufzusuchende Satz der Datei bzw. sein Schlüssel sind in einem besonderen Speicherbereich vorgegeben.

4.1 Sequentielles Suchen (sequential scanning)

Prinzip: Sukzessives Aufsuchen der Sätze von D gemäß des Zugriffsgraphen Z(D) und jeweils Vergleich mit dem vorgegebenen Satz.

Die Numerierung der Sätze von D erfolge im Hinblick auf die Ränge dieser Sätze in Z(D) wie folgt ($\| K_2(D) \| =: N$):

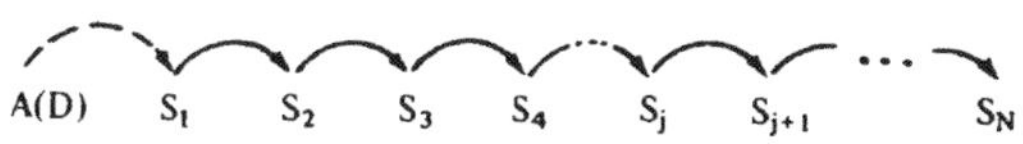

Als Zugriffsweg $Z(S_j)$ zum Satz S_j bezeichnen wir den elementaren Pfeilweg in obiger Figur mit Anfangsecke A(D) und Endecke S_j.
Die Länge dieses Pfeilweges ist offenbar: $l(Z(S_j)) = j$.

Sind für die einzelnen Sätze relative Zugriffshäufigkeiten („Bewegungshäufigkeiten") P_j bekannt, so erhält man als Erwartungswert der Länge des Zugriffsweges in D:

$$E(l(Z)) = \sum_{j=1}^{N} P_j \cdot j.$$

Ist speziell die gleiche Bewegungshäufigkeit für alle Sätze gewährleistet ($P_i \equiv \frac{1}{N}$), so erhält man

$$E(l(Z)) = \sum_{j=1}^{N} \frac{1}{N} \cdot j = \frac{1}{N} \frac{N(N+1)}{2} = \frac{N+1}{2} .$$

Liegen unterschiedliche Bewegungshäufigkeiten für die einzelnen Sätze vor, so hängt der Erwartungswert der Länge des Zugriffsweges von der Reihenfolge ab, in der bezüglich Z(D) zu den Sätzen zugegriffen werden kann. Es gilt:

(4.1.1) *Satz:* Der Erwartungswert $E(l(Z))$ wird minimiert g.d.w.
$P_i \geqslant P_{i+1} \ \forall \ i = 1, \ldots, N-1.$

Der Beweis dieses anschaulich relevanten Tatbestandes sei kurz skizziert; seien $P_1, \ldots P_N$ die Bewegungshäufigkeiten der Sätze $S_1, \ldots, S_N$ in einer fest vorgegebenen Numerierung und $P_{j1}, \ldots, P_{jN}$ eine Permutation der Folge $P_1, \ldots P_N$. Werden die Sätze in der Reihenfolge $S_{j_1} \ldots S_{j_N}$ (bezüglich Z(D)) gespeichert, so ist der Erwartungswert

$$E(l(Z)) = E(l(j_1 \ldots j_N)) = \sum_{i=1}^{N} P_{j_i} \cdot i.$$

Der Übergang von der Folge $1 \ldots N$ zur Folge $j_1 \ldots j_N$ kann durch sukzessives Wiederholen von Transpositionen τ realisiert werden:

$$\tau : i_1 \ldots i_N \to i_1' \ldots i_N' \text{ mit}$$
$$i_j' = i_j \ \forall \ j \neq k_0, k_1 \ (k_0 \neq k_1),$$
$$i_{k_0}' = i_{k_1},$$
$$i_{k_1}' = i_{k_0}.$$

Ist nun $P_{i_1} \ldots P_{i_N}$ eine Permutation der Bewegungshäufigkeiten und gilt *nicht* $P_{i_j} \geqslant P_{i_{j+1}}$ $\forall$ j = 1, . . . , N-1, so existieren $P_{i_{k_0}}, P_{i_{k_1}}$ mit $P_{i_{k_0}} < P_{i_{k_1}}$ und $k_0 < k_1$.

Wir wenden obige Transposition an und erhalten:

$$E(l(i'_1 \ldots i'_N)) = E(l(i_1 \ldots i_N)) + k_0(P_{i_{k_1}} - P_{i_{k_0}}) + k_1(P_{i_{k_0}} - P_{i_{k_1}}),$$

also

$$E(l(i_1' \ldots i_N')) = E(l(i_1 \ldots i_N)) + \underbrace{(k_0 - k_1)}_{<\,0}\,\underbrace{(P_{i_{k_1}} - P_{i_{k_0}})}_{>\,0},$$

demnach $E(l(i'_1 \ldots i'_N)) < E(l(i_1 \ldots i_N))$.

4.2 Suchen in sortierten linearen Dateien

4.2.1 Sortierbarkeit und sortierte lineare Dateien

(4.2.1.1) *Def.* Eine Datei D = (B(D), Z(D), A(D), φ_D) heißt *sortierbar* auf m-ter Stufe g.d.w. eine injektive Abbildung s: $K_m \to N$ existiert. s(v) bezeichnen wir als *Schlüsselwert* von v(bzgl. s) ($v \epsilon K_m$ (D); K_m: Menge der Ecken m-ten Ranges von B(D)).

Bei umfangreichen Dateien, etwa Datenbanken, tritt häufig der Fall ein, daß D auf verschiedenen Stufen sortierbar ist bzw. auf einer Stufe verschiedene alternative „Sortierfunktionen" existieren, etwa

$$s_1 : K_m(D) \to N$$
$$s_2 : K_m(D) \to N$$
$$s_3 : K_n\,(D) \to N \quad \text{etc.}$$

Häufig existieren für „Teilmengen" von D Sortierfunktionen, die sich schwerlich auf die gesamte Datei ausdehnen lassen, dennoch bei der Strukturanalyse oder bei Verarbeitungsformen, die diese Datei betreffen, von Nutzen sind. Wir definieren deshalb:

(4.2.1.2) *Def.* Eine *Unterdatei* T von D = (B(D), Z(D), A(D), φ_D) ist eine Datei T = (B(T), Z(T), A(T), φ_T) mit
a) B(T) ist Subgraph von B(D)
b) Z(T) ist Subgraph von Z(D)

c) A(T) ist die Einschränkung von A(D) auf $K_0(T)$ (bezüglich Z(T))

d) φ_T ist die Einschränkung von φ_D auf $K_{max}(T)$ (bezüglich B(T)) mit max := max $\{r(v) \mid v \in B(D)\}$.

Ist nun eine Sortierfunktion s: $K_m(T) \to N$ gegeben, so können wir von der Sortierbarkeit der Unterdatei auf m-ter Stufe sprechen.

(4.2.1.3) *Def.* Eine sortierbare lineare Datei D = (B(D), Z(D), A(D), φ_D) heißt in Sortierfolge (bezüglich der Sortierfunktion s : $K_m(D) \to N$) gespeichert, kurz *„sortiert"* g.d.w.

$$s(k) < s(k') \Leftrightarrow r(k) < r(k') \text{ in } Z(D) \ \forall \ k, k' \in K_m(D).$$

Man beachte, daß eine Unterdatei T einer Datei D sortiert sein kann, obwohl die Datei D keine lineare Datei ist.

4.2.2 Binäres Suchen

Während das sequentielle Suchen die Sortierbarkeit der linearen Datei nicht voraussetzt, betrachten wir nun Sortierverfahren, die ausschließlich auf sortierte Dateien anwendbar sind. Wir setzen dabei o.E. die Sortierbarkeit auf Satzebene voraus und nehmen ferner an, daß jeder Satz S_j der Datei D ein (o.E. letztes) Segment "SCHLÜSSEL" enthält mit

$$<\text{SCHLÜSSEL}\,(j)> := s(S_j).$$

Den Inhalt des Segments SCHLÜSSEL bezeichnen wir als Schlüsselwert; der Schlüsselwert des Satzes S_j ist also voraussetzungsgemäß gleich $s(S_j)$ und dient wegen der Injektivität von s als Identifikator für den Satz S_j. Wir setzen ferner voraus, daß bei der physischen Realisation der Datei D Sätze konstanter Längen (konstanter Speicherplatzbedarf pro Satz) vorliegen und in einem zusammenhängenden Speicherbereich mit monoton wachsenden Adressen gespeichert sind.

Sind diese Voraussetzungen nicht erfüllt, so kann für D eine Hilfsdatei D' ("tag" –Datei) erstellt werden, für die obige Voraussetzungen zutreffen. Jedem Satz S_j von D wird dabei eineindeutig ein Satz S_j' von D' zugeordnet; das Aufsuchen eines Satzes S_j erfolgt dann durch Suchen von S_j' in D' und durch einen entsprechenden Adreß-verweis in S_j' (vgl. S. 44).

Prinzip des binären Suchens:

1. Man springe in die „Mitte" der Datei
2. Man vergleiche den vorgegebenen Schlüsselwert mit dem Schlüsselwert des aufgefundenen Satzes
3. Ist das Resultat dieses Vergleichs

$$\begin{cases} =, & \text{so ist der Satz gefunden} \\ <, & \text{so springe in die „Mitte" des linken, bisher nicht berührten Bereichs,} \\ >, & \text{so springe in die „Mitte" des rechten, bisher nicht berührten Bereichs.} \end{cases}$$

Wir wollen das Prinzip am Beispiel N = 15 verdeutlichen; gesucht wird der Satz S_6:

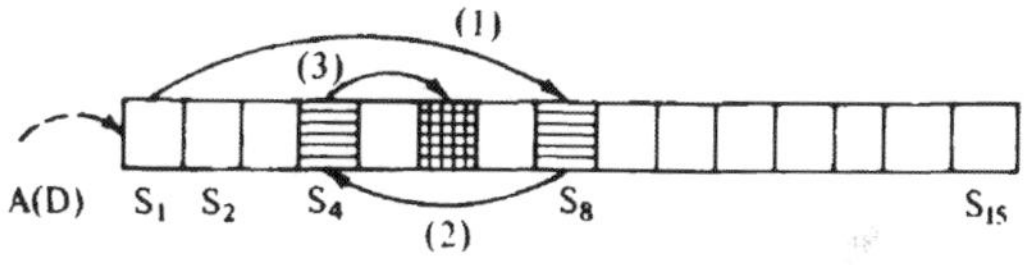

Der Satz S_6 wird also durch 3 Schlüsselvergleiche in der eingezeichneten Suchfolge aufgefunden. Ist $\| K_2(D) \| = N$ und $N = 2^q - 1$, ($q \in \mathbb{N}$), so ist für jeden Satz S_j der Zugriffsweg $Z(S_j)$ eindeutig bestimmt (in diesem Falle: $Z(S_6) = [S_1, S_8, S_4, S_6]$). Ist $2^{q-1}-1 < N < 2^q-1$, so kann die Datei durch "DUMMY"-Sätze mit hinreichend hohen Schlüsselwerten auf 2^q-1 Sätze erweitert werden oder durch detaillierte Angabe der „Mitte" eines bisher nicht berührten Bereichs das oben skizzierte Prinzip direkt Anwendung finden.

Wir beschränken uns auf den Fall $N = 2^q-1$ und definieren das Zugriffsniveau N_k:

(4.2.2.1) *Def.* Sei $N = 2^q-1$ und $k \in \mathbb{N}$;
mit $N_k := \{ S_j \mid l(Z(S_j)) = k \}$ bezeichnen wir das k-te *Zugriffsniveau* von D.

Im oben skizzierten Beispiel gilt:

$N_1 = \{S_8\}$,
$N_2 = \{S_4, S_{12}\}$,
$N_3 = \{S_2, S_6, S_{10}, S_{14}\}$,
$N_4 = \{S_1, S_3, S_5, S_7, S_9, S_{11}, S_{13}, S_{15}\}$,
$N_j = \emptyset \ \forall j > 4.$

Sind die Bewegungshäufigkeiten für die einzelnen Sätze wiederum P_i ($i = 1, \ldots, N$), so erhält man als Erwartungswert der Länge des Zugriffsweges

$$E(l(Z)) = \sum_{k=1}^{\infty} \sum_{i:\, S_i \in N_k} p_i \cdot k$$

Im Falle gleicher Bewegungshäufigkeiten für alle Sätze erhält man:

$$E(l(Z)) = \sum_{k=1}^{q} \sum_{i:\, S_i \in N_k} \frac{1}{N} \cdot k = \frac{1}{N} \sum_{k=1}^{q} k \cdot \| N_k \| = \frac{1}{N} \sum_{k=1}^{q} k \cdot 2^{k-1}$$

und es gilt

(4.2.2.2) *Satz:* Ist $N = 2^q - 1$ die Zahl der Sätze einer linearen sortierten Datei D mit gleichen Bewegungshäufigkeiten für alle Sätze, so gilt für das binäre Suchen:

$$E(l(Z)) \approx \log_2 N.$$

Beweis:

Es ist $E(l(Z)) = \frac{1}{2^q - 1} \sum_{k=1}^{q} k \cdot 2^{k-1}$; nun ist

$\sum_{k=1}^{q} k \cdot 2^{k-1} = 2^q(q-1) + 1$, wie man durch vollständige Induktion nach q zeigt.

Daher $E(l(Z)) = \frac{1}{2^q - 1} \cdot [2^q(q-1) + 1]$ und

mit $q = \log_2 (N+1)$ folgt:

$$E(l(Z)) = \frac{1}{N} [N+1 (\log_2 (N+1) - 1) + 1]$$

$$= \frac{N+1}{N} \cdot \log_2 (N+1) - 1 \approx \log_2 N \text{ q.e.d.}$$

Man erkennt natürlich direkt:

1. $l(Z(S_j)) \leqslant q = \log_2 (N+1) \; \forall j = 1, \ldots, N$,

   daher $E(l(Z)) \leqslant \log_2 (N+1)$.

2. $\| N_q \| = 2^{q-1}$, daher

   $$E(l(Z)) \geqslant \frac{1}{N} \cdot \| N_q \| \cdot q > \frac{1}{2} \log_2 (N+1),$$

   insgesamt also:

   $$\frac{1}{2} \log_2 (N+1) \leqslant E(l(Z)) \leqslant \log_2 (N+1).$$

Nach (4.2.2.2) rückt daher $E(l(Z))$ mit wachsendem N asymptotisch an die obere Grenze der Länge der Zugriffswege in D.

Treten unterschiedliche Bewegunghäufigkeiten der Sätze von D auf, so kann im Gegensatz zum linearen Suchen eine Verringerung des Erwartungswertes durch Änderung der Zugriffsfolge nicht erzielt werden, weil die Sätze von D voraussetzungsgemäß bezüglich der Schlüsselwerte monoton wachsende Adressen aufweisen.

4.2.3 m-Wege-Suchen

Suchen in index-sequentiell gespeicherten Dateien

Wir übernehmen die Voraussetzungen von (4.2.2).

Prinzip des m-Wege-Suchens:

1. Zerlegen der Menge aller Sätze ($K_2(D)$) in m Blöcke B_i mit

   $$B_i = \left\{ S_{i1}, \ldots, S_{in_i} \right\}, \; \sum_{i=1}^{m} n_i = N, \; n_i \geqslant 1 \text{ und}$$

   $$B_i \cap B_j = \emptyset \; \forall i \neq j.$$

2. Mit dem vorgegebenen Schlüsselwert eines gesuchten Satzes werden sukzessiv die Schlüsselwerte von $S_{11}, S_{21}, \ldots S_{k1}$ – also des ersten Satzes der Blöcke $B_1, B_2, \ldots, B_k$ – so lange verglichen, bis erstmals der vorgegebene Schlüsselwert $s(S)$ gleich oder kleiner als der aktuelle Schlüsselwert $s(S_{k,1})$ ist. Bei Gleichheit ist der gesuchte Satz gefunden; ist $s(S) < s(S_{k_0 1})$, so wird

der Block B_{k-1} sequentiell durchsucht. Ist $s(S) > s(S_{m1})$, so wird der Block B_m sequentiell durchsucht.

Veranschaulichung:

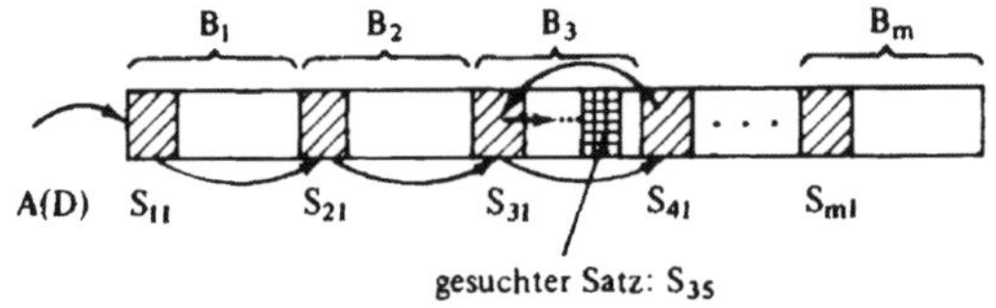

Für jeden Satz S_{ij} existiert wiederum eindeutig ein Zugriffsweg $Z(S_{ij})$. In diesem Falle:

$$Z(S_{35}) = [S_{11}, S_{21}, S_{31}, S_{41}, S_{31}, S_{32}, S_{33}, S_{34}, S_{35}].$$

Man erkennt:* $\quad l(Z(S_{ij})) = i + j$

Dann folgt für den Erwartungswert der Länge des Zugriffsweges bei Bewegungshäufigkeit P_{ij} für Satz S_{ij}:

$$E(l(Z)) = \sum_{i=1}^{m} \sum_{j=1}^{n_i} (i + j) P_{ij}.$$

Unterstellen wir wieder gleiche Bewegungshäufigkeiten für alle Sätze und konstante Blocklänge $l(l := \frac{N}{m})$, so folgt:

$$E(l(Z)) = \sum_{i=1}^{m} \sum_{j=1}^{l} (i + j) \frac{1}{N}$$

$$= \frac{1}{N} \sum_{i=1}^{m} (l \cdot i + \frac{l(l+1)}{2}) = \frac{1}{N} \cdot l \cdot \frac{m(m+1)}{2} + m \frac{l(l+1)}{2}$$

$$= \frac{m+1}{2} + \frac{l+1}{2}.$$

Welches m wählt man nun günstigerweise?

*ausgenommen: j = 1; in diesem Falle gilt: $l(Z(S_{i1})) = i - 1$. Ferner für i = m: i.d.F. gilt $l(Z(S_{mj})) = m + j - 2$. Einfachheitshalber wird aber obige Formel unterstellt $\forall$ i, j.

Wir betrachten m zunächst als kontinuierliche Variable und

$$E(m) := \frac{m+1}{2} + \frac{\frac{N}{m} + 1}{2};$$

$$\frac{\partial E}{\partial m} = \frac{1}{2} + \frac{1}{2}\left(-\frac{N}{m^2}\right) = 0 \Leftrightarrow m^2 = N.$$

Ist also N quadratisch, so wird bei $m = \sqrt{N}$ der Erwartungswert $E(l(Z))$ minimal–gleiche Bewegungshäufigkeiten und konstante Blocklängen vorausgesetzt. In diesem Falle gilt:

$$E(l(Z)) = \frac{\sqrt{N}+1}{2} + \frac{\sqrt{N}+1}{2} = \sqrt{N}+1$$

Läßt man die Forderung nach konstanter Blocklänge fallen, so kann der Erwartungswert $E(l(Z))$ auch bei gleichen Bewegungshäufigkeiten für alle Sätze durch geeignete Blocklängenwahl noch verringert werden; es ist bei m Blöcken mit den Blocklängen

$$n_1, \ldots, n_m : E(l(Z)) = \sum_{i=1}^{m} \sum_{j=1}^{n_i} \frac{1}{N}(i+j) = \frac{1}{N} \sum_{i=1}^{m} \left(i \cdot n_i + \frac{n_i(n_i+1)}{2}\right)$$

$$E(l(Z)) = \frac{1}{N} \sum_{i=1}^{m} \left(n_i\left(i + \frac{1}{2}\right) + \frac{n_i^2}{2}\right) =: E(n_1, \ldots, n_m).$$

Durch Verschieben jeweils eines Satzes aus Block B_j bis in den Block B_i erhält man die Blockaufteilung

$$n_1, \ldots, n_i + 1, \ldots, n_j - 1, \ldots, n_m \quad (i \neq j,\ n_k \geqslant 1\ \forall\ k).$$

Nun ist

$$E(n_1, \ldots, n_i+1, \ldots, n_j-1, \ldots, n_m) = E(n_1, \ldots, n_i, \ldots, n_j, \ldots, n_m)$$

$$+ (n_i+1)\left(i + \frac{1}{2}\right) + \frac{(n_i+1)^4}{2} - n_i\left(i + \frac{1}{2}\right) - \frac{n_i^2}{2}$$

$$+ (n_j-1)\left(j + \frac{1}{2}\right) + \frac{(n_j-1)^2}{2} - n_j\left(j + \frac{1}{2}\right) - \frac{n_j^2}{2}, \text{ also}$$

$$E(n_1, \ldots, n_i+1, \ldots, n_j-1, \ldots, n_m) - E(n_1, \ldots, n_i, \ldots, n_j, \ldots, n_m)$$

$$= i + \frac{1}{2} + n_i + \frac{1}{2} - j - \frac{1}{2} - n_j + \frac{1}{2} = i-j+n_i-n_j+1.$$ Daraus folgt

(4.2.3.1) *Satz:* Besitzt eine Blockaufteilung $(n_1, \ldots, n_m)$ von N zu vorgegebener Blockzahl m und gleichen Bewegungshäufigkeiten für alle Sätze einen minimalen Erwartungswert $E(l(Z))$, so gilt:

$$(*)\ n_i - n_j \geqslant j-i-1 \quad \forall \quad i \neq j.$$

Beweis: Ist $(n_1, \ldots, n_m)$ optimal, so ist $E(n_1, \ldots, n_i+1, \ldots, n_j-1, \ldots, n_m) - E(n_1, \ldots, n_i, \ldots, n_j, \ldots, n_m) \geqslant 0$ q.e.d.

Aus (4.2.3.1) folgt unmittelbar:

1. $n_i - n_{i+1} \geqslant i+1-i-1 \geqslant 0$; die Folge der n_i ist demnach monoton fallend.
2. $n_j - n_1 \geqslant 1-j-1$ und $n_1 - n_j \geqslant j-1-1$, also $n_1 - j \leqslant n_j \leqslant n_1 - j + 2$.

Als gute Näherung für eine optimale Blockaufteilung $(n_1, \ldots, n_m)$ zu vorgegebener Blockzahl m erweist sich daher (wegen $\sum_{j=1}^{m} n_j = N$):

$$n_1 \approx \frac{N}{m} + \frac{m-1}{2},$$

$$n_j \approx n_1 - j + 1 \qquad (j = 2, \ldots, m).$$

Liegen unterschiedliche Bewegungshäufigkeiten vor, so betrachten wir wieder die einzelnen Zugriffsniveaus N_k:

$$N_k := \left\{ S_{ij} \mid i+j = k \right\} \qquad (k \in \mathbb{N})$$

Es gilt $E(l(Z)) = \sum_{k=1}^{\infty} \sum_{S_{ij} \in N_k} k \cdot P_{ij}$ und offenbar

(4.2.3.2.) *Satz:* Beim m-Wege-Suchen wird bei vorgegebener Blockeinteilung $(n_1, \ldots, n_m)$ $E(l(Z))$ minimal g.d.w. für jedes i gilt:

$$P_{ij} < P_{ij'} \Rightarrow j > j' .$$

Der Beweis erfolgt wie bei (4.1.1). Hierbei wird unterstellt, daß innerhalb eines Blockes nicht notwendig monoton wachsende Schlüsselwerte realisiert werden müssen.

Auf Suchverfahren bei Dateien, zu deren Sätzen über spezielle Speicherfunktionen (hash-coding) zugegriffen werden kann, werden wir in § 6 kurz eingehen.

Übungsaufgabe 9: Man zeige: beim m-Wege-Suchen bei quadratischem N und mit $m = \sqrt{N}$ läßt sich der Erwartungswert von $E(l(Z))$ asymptotisch nicht mehr als um 5% verringern, wenn man auf konstante Blocklängen verzichtet. In beiden Fällen werden gleiche Bewegungshäufigkeiten für alle Sätze vorausgesetzt.

§ 5 Interne Sortierverfahren

Wir betrachten eine (o.E. auf Satzebene mittels s: $K_2(D) \rightarrow N$) sortierbare Datei D; jeder Satz S_j von D enthalte wiederum ein Segment SCHLÜSSEL (j) mit <SCHLÜSSEL (j)> := $s(S_j)$. Dieses Segment kann aus mehreren Feldern bestehen, die nicht notwendigerweise bei einer physischen Realisation der Datei D bzw. des Satzes S_j in einem zusammenhängenden Bereich des Hauptspeichers stehen müssen. Wir setzen ferner voraus, daß D linear ist und keine Blockung von Sätzen vorliegt, also jeder Block genau einen Satz enthält und daher die Blockebene der Datei vernachlässigbar ist. Der Zugriffsgraph Z(D) (kontrahiert auf Satzebene) sei folgendermaßen zu veranschaulichen:

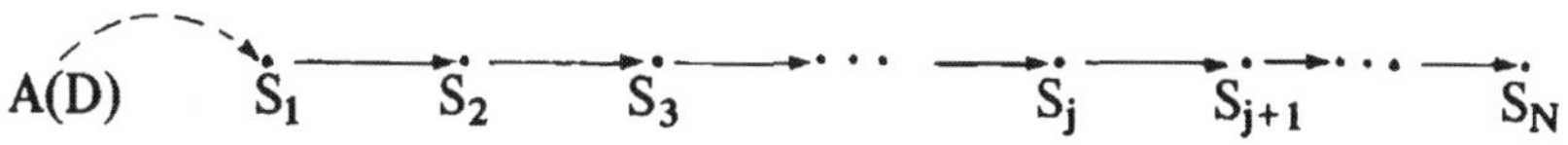

Problem: man definiere ein „Sortierverfahren" V, welches aus

$$D = (B(D), Z(D), A(D), \varphi_D) \text{ mit obigen Eigenschaften}$$

eine lineare, auf Satzebene (bezüglich s) sortierte Datei T = (B(T), Z(T), A(T), φ_T) erzeugt mit B(T) = B(D) und $\varphi_T = \varphi_D$.

Häufig ist das Umspeichern der Sätze von D zu speicher- und zeitaufwendig. Man hilft sich durch Definition und physische Realisation einer Hilfsdatei D′; jedem Satz S_j von D entspricht genau ein Satz S_j' in D′ mit mindestens zwei Segmenten SCHLÜSSEL′ (j) und ADR′ (j) und <SCHLÜSSEL′ (j)> := $s(S_j)$, <ADR′ (j)> := Adresse (S_j). Die Sätze von D′ bezeichnet man als *tags*, die Datei D′ als *tag-Datei* („Pilotdatei") von D.
Für D′ sei ein entsprechender Zugriffsgraph wie für D gegeben. Aus dieser Hilfsdatei wird nun mit einem geeigneten Sortierverfahren eine sortierte Datei T′ mit oben erwähnten Eigenschaften erzeugt.

Über diese sortierte Datei T′ und die Inhalte der Segmente ADR kann zu den Sätzen von D in Sortierfolge zugegriffen werden. Man kann die Dateien T′ und D′ zu einer Datei D* zusammenfassen mit folgendem Zugriffsgraphen (bis auf Satzebene kontrahiert);

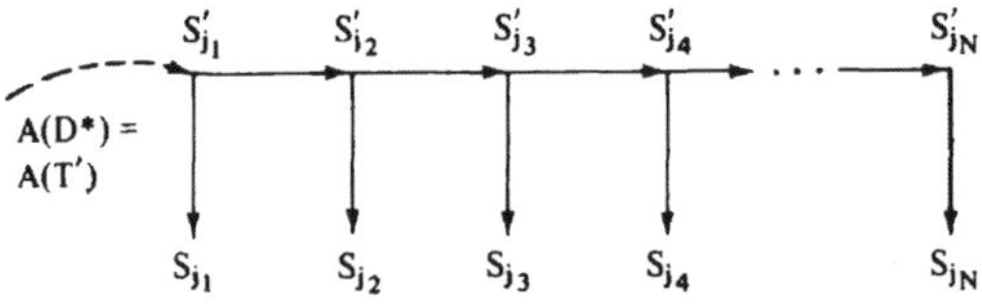

Wir beschränken uns desweiteren ausschließlich auf die Hilfsdatei D′ und deren Sortierung. Werden ausschließlich Speicherplätze im Hauptspeicher benötigt, so spricht man von interner Sortierung; werden jeweils nur echte Teilmengen von $K_2(D')$ (bzw. $K_2(D)$) intern sortiert und dann extern gespeichert, so spricht man von externem Sortieren.

Anmerkung: Wir gehen beim Begriff der Sortierbarkeit stets von einer Sortierfunktion s: $K_2(D) \to N$ und <SCHLÜSSEL (j)> = $s(S_j)$ aus. Praktisch tauchen sehr häufig nichtnumerische Schlüsselwerte auf; der Inhalt von SCHLÜSSEL ist dann eine Zeichenfolge $z_{i_1} \ldots z_{i_k}$ mit $z_{i_j} \in Z$, der Menge der zugelassenen Zeichen. Diese endliche Menge wird als wohlgeordnet vorausgesetzt; die Ordnung wird durch die „Kollationsfolge" beschrieben:

$$z_0 < z_1 < \ldots\ldots < z_{N-1} \; (Z := \{z_0, z_1, \ldots, z_{N-1}\})$$

Durch lexikographisches Vergleichen wird die Ordnung auf die Menge aller endlichen Zeichenfolgen ausgedehnt. Man erkennt: die Abbildung

$$r : z_{i_1} z_{i_2} \ldots\ldots z_{i_k} \to \sum_{j=1}^{k} i_j N^{k-j}$$

der Menge der endlichen Zeichenketten in die Menge der natürlichen Zahlen ist bijektiv und ordnungserhaltend; wir können daher statt $z_{i_1} z_{i_2} \ldots\ldots z_{i_k}$ die Zahl $r(z_{i_1} z_{i_2} \ldots\ldots z_{i_k})$ und die natürliche Ordnung in N verwenden.

5.1 Sortieren durch Auswahl (selection)

Alle Sortierverfahren bestehen aus sich zyklisch wiederholenden Teilen, die wir als Durchgänge bezeichnen. In dem Durchgang (run, scan) R_i wird aus der zu Beginn gegebenen Datei D_{i-1} eine neue Datei D_i erzeugt:

$$V : D' = D_0 \to D_1 \to \ldots \to D_n$$

Bricht diese Dateifolge nach n Durchgängen ab und ist dabei T′ erzeugt, so bezeichnen wir n als Zahl der Durchgänge.

Charakteristische Größen für die verschiedenen Sortierverfahren sind offenbar der benötigte Speicherplatz sowie die Zahl der Durchgänge und verbunden damit die Zahl der elementaren Operationen, insbesondere Vergleiche.

(5.1.1) Wir betrachten zunächst das primitive Verfahren der *Auswahl* A.

Prinzip: Die gesamte Datei D_{i-1} wird im Durchgang R_i nach dem minimalen Schlüsselwert durchsucht. Das minimale Element wird in einen Ausgabebereich übertragen und durch einen DUMMY* ersetzt.

Abbruchkriterium: alle Sätze von D_n sind DUMMY-Sätze.

*ein DUMMY ist ein („künstlicher") Satz der Datei D_i, dessen Schlüsselwert größer als die Schlüsselwerte aller Sätze von D_0 ist.

Beispiel: Die Sätze der Dateien D_i seien allein durch ihre Schlüsselwerte gekennzeichnet:

D_0		D_1		D_2		D_3		D_4		D_5		D_6
12		12		12		[12]		99		99		99
17		17		17		17		[17]		99		99
5	$\xrightarrow{R_1}$	[5]	$\xrightarrow{R_2}$	99	$\xrightarrow{R_3}$	99	$\xrightarrow{R_4}$	99	$\xrightarrow{R_5}$	99	$\xrightarrow{R_6}$	99
10		10		[10]		99		99		99		99
19		19		19		19		19		[19]		99
[4]		99		99		99		99		99		99

Ausgabebereich: 4 5 10 12 17 19

Bezeichnen wir mit L die durchschnittliche Satzlänge (in Einheiten wie Bit, Byte, Wort o.ä.) der Sätze von D und mit L' die (i.a. konstante) Satzlänge der Sätze von D', so folgt für den Speicherbedarf S:

1. $S_A = N \cdot L + 2 N \cdot L'$ (Speicherbedarf für D, D' und T')
2. $n_A = N$ (Zahl der Durchgänge)
3. Die Zahl der Vergleiche beträgt pro Durchgang N–1, insgesamt $c_A = (N-1)N$.

(5.1.2) Eine Verbesserung dieses Verfahrens bezüglich Speicherbedarf und Rechenzeit erhält man, wenn man das im Durchgang R_i bestimmte i-kleinste Element e an die Stelle i der Datei D_i bringt und das Element an der Stelle i der Datei D_{i-1} den Platz von e einnimmt („*Auswahl mit Austausch*" AA):

D_0	D_1	D_2	D_3	D_4	D_5
12	4	4	4	4	4
17	17	5	5	5	5
5	5	17	10	10	10
10	10	10	17	12	12
19	19	19	19	19	17
4	12	12	12	17	19

Man erkennt:

1. $S_{AA} = N \cdot L + N \cdot L'$,
2. $n_{AA} = N - 1$,
3. $c_{AA} = \sum_{i=1}^{N-1} (N-i) = \frac{N(N-1)}{2}$.

(5.1.3) Eine weitere Verbesserung erfährt das Auswahlverfahren dadurch, daß die Menge der Sätze der Datei D_0 in Blöcke zerlegt wird und man innerhalb der Blöcke das Auswahlverfahren anwendet nach folgendem *Prinzip („Blockauswahl")*:

1. Man zerlege $K_2(D_0)$ in m Blöcke $B_1, \ldots, B_m$ $(\|B_i\| = n_i \geqslant 1, \sum_{i=1}^{m} n_i = N)$
2. Man bestimme in jedem Block das Minimum und ersetze dieses Minimum durch einen DUMMY.
3. Man bestimme das Minimum der Minima (MM)
4. Man bestimme in dem Block, der das MM enthält, das Minimum und ersetze es durch einen DUMMY.
5. Man gehe zu (3).

Im Falle quadratischer N und Blockaufteilung in $m = \sqrt{N}$ Blöcke der Länge $\sqrt{N}$ spricht man von *„Quadratischer Auswahl"* QA:

Beispiel (N = 9): $D_0 \xrightarrow{R_1} D_1 \xrightarrow{R_2} D_2 \xrightarrow{R_3}$

D_0		D_1		D_2		
12, 17, 5	5	12, 17, 99	5	12, 17, 99	5	
10, 19, 4	4	10, 19, 99	$\boxed{4}$	10, 19, 99	10	usw.
7, 11, 3	$\boxed{3}$	7, 11, 99	7	99, 11, 99	$\boxed{7}$	
Ausgabebereich:	3		4		7	. . .

Man erkennt:

1. $S_{QA} = N \cdot L + 2\,N \cdot L' + \sqrt{N} \cdot L'$ (einschließlich des Bereichs für die Zwischenminima),

2. $n_{QA} = N$,

3. Die Zahl der Vergleiche ergibt sich pro Durchgang (bis auf den Durchgang R_1) zu $(\sqrt{N} - 1) + (\sqrt{N} - 1)$, daher

$$c_{QA} = \underbrace{\sqrt{N}(\sqrt{N}-1) + (\sqrt{N}-1)}_{\text{1. Durchgang}} + (N-1)\,2 \cdot (\sqrt{N}-1), \text{ also}$$

$$c_{QA} = (N-1)\,(2\sqrt{N}-1).$$

Ist N quadratisch und $N = \sum_{i=1}^{k} n_i \; (k \geqslant 1, n_i \geqslant 1)$

eine Blockeinteilung der Satzmenge, $c(n_1, \ldots, n_k)$ die Zahl der Vergleiche bei der Blockauswahl, so gilt

(5.1.3.1) *Satz:* $c(n_1, \ldots, n_k) \geqslant c(\sqrt{N}, \sqrt{N}, \ldots, \sqrt{N})$.

Den Beweis überlassen wir dem Leser als Übungsaufgabe.

5.2 Sortieren durch Austausch (exchange)

Prinzip: In jedem Durchgang werden die Sätze in eine Menge von Paaren zerlegt und vertauscht, falls ihre Schlüsselwerte nicht aufsteigend sind.

Beispiel:

D_0	D_1	D_2	D_3	D_4	D_5	D_6	D_7	D_8
12	12	12	5	5	4	4	4	4
17	17	5	12	4	5	5	5	5
5	5	17	4	12	7	7	7	7
10	10	4	17	7	12	8	8	8
19	4	10	7	17	8	12	10	10
4	19	7	10	8	17	10	12	11
7	7	19	8	10	10	17	11	12
11	11	8	19	11	11	11	17	17
8	8	11	11	19	19	19	19	19

Für den Satz mit Schlüsselwert 10 ist die „Bahn" bezüglich dieses Verfahrens eingezeichnet. Abbruch erfolgt nach zwei aufeinanderfolgenden Durchgängen ohne Änderungen.

Man erkennt:

1. $S_{PA} = N \cdot L + N \cdot L' + L'$ (L': Zwischenspeicher beim Vergleich eines Paares)
2. Die Zahl der Durchgänge (einschließlich eines Kontrolldurchganges von D_n) ist variabel. Ist die Datei D_0 bereits sortiert, so benötigt man 2 Durchgänge. Es gilt aber

(5.2.1.1) *Satz:* Die Zahl der Durchgänge n_{PA} beim Sortierverfahren „Paarweiser Austausch" ist höchstens gleich N + 1.

Der nicht ganz einfache Beweis wird wieder dem Leser als Übung überlassen.

3. $c_{PA} \leqslant (N+1) \cdot \frac{N}{2}$.

Das Verfahren „Paarweiser Austausch" existiert in verschiedenen Varianten. Wir schildern noch folgende Variante:

5.2.2 Man vertauscht paarweise derart, daß nach dem Durchgang R_i das i-größte Element die Stelle N–i einnimmt:

Beispiel:

	12	12	12	12	12	12
	17	17	5	5	5	5
R_1:	5	5	17	10	10	10
	10	10	10	17	17	17
	19	19	19	19	19	4
	4	4	4	4	4	$\boxed{19}$

	12	5	5	5	5	
	5	12	10	10	10	
R_2:	10	10	12	12	12	
	17	17	17	17	4	u.s.w.
	4	4	4	4	$\boxed{17}$	
	19	19	19	19	19	

Man erkennt für dieses Verfahren:

1. $n \leqslant N-1$

2. $c \leqslant \sum_{i=1}^{N-1} (N-i) = \frac{N(N-1)}{2}$.

5.3 Sortieren durch Mischen (merge)

Das Prinzip aller Mischverfahren, die insbesondere beim externen Sortieren entscheidende Bedeutung erlangt haben, besteht darin, aus zwei oder mehreren bereits sortierten Teilfolgen von Sätzen (strings) eine sortierte Folge zu erstellen, die alle Sätze dieser Teilfolgen enthält.

Veranschaulichung:

String 1	String 2		String 3
5	4		4
7	6		5
11	12		6
14	19	→	7
20	21		11
25	22		12
31			14
			⋮
			31

Man betrachtet jeweils die kleinsten, noch nicht im Ausgabebereich (String 3) gespeicherten Elemente der beiden Strings, und gibt das Minimum der beiden Minima aus.

Sind l_1, l_2 die „Längen der Strings" (Zahl der Elemente der Teilketten), so sind maximal $l_1 + l_2 - 1$ Vergleiche zum Mischen der beiden Strings notwendig.

5.3.1 2-Wege-Mischen mit gleichen Stringlängen

Prinzip: Sukzessives Mischen von jeweils zwei Teilketten der Länge $l_i = 2^{i-1}$ zu einer Teilkette der Länge l_{i+1} im Durchgang R_i ($i = 1, \ldots, n$ mit $2^{n-1} < N \leqslant 2^n$).

Beispiel:

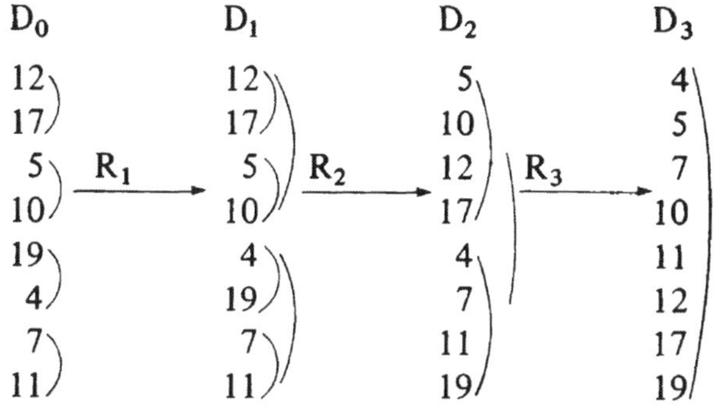

In jedem Durchgang wird also die Stringlänge verdoppelt; die Zahl der Strings verringert sich auf die Hälfte, sofern $N = 2^n$; andernfalls erweitere man D_0 durch DUMMY's so, daß die Zahl der Sätze eine Potenz von 2 ist.

Man erkennt:

1. $S_{2\text{-}W} = N \cdot L + 2\,N \cdot L'$ (Speicherplatz für D, D_i', D_{i+1}')
2. $n_{2\text{-}W} = [\log_2 N]$
3. Mit der Abfrage auf Stringende ergeben sich pro String der Länge l_i genau l_i Vergleiche, daher gilt:

   $c_{2\text{-}W} = N \cdot [\log_2 N]$.

5.3.2 von Neumann-Mischen

Betrachtet man voranstehendes Beispiel, so erkennt man bereits in D_0 gewisse sortierte Teilketten („natürliche strings"). Das Mischen dieser natürlichen strings ergibt:

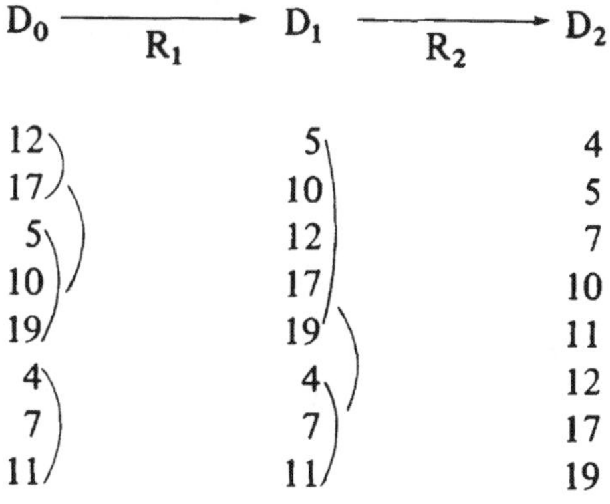

Im Gegensatz zum 2-Wege-Mischen mit gleichen Stringlängen kommt man dabei i.d.F. mit 2 Durchgängen zum Ziel. Allerdings benötigt das von-Neumann-Mischen, das von den natürlichen Strings ausgehend ein 2-Wege-Mischen vornimmt, einigen Mehraufwand dadurch, daß die Stringlängen in den einzelnen Durchgängen nicht gleich sind und zusätzlich bei jedem Element eine Abfrage auf Stringende erfolgen muß; das Stringende kann durch ein zusätzliches Zeichen E in jedem tag etwa folgendermaßen festgehalten und ggfs. geändert werden: $\langle E \rangle := \begin{cases} 0 & \text{Stringende} \\ 1 & \text{kein Stringende} \end{cases}$

Man erkennt:

1. $S_{vN} = N \cdot L + 2 N \cdot L'$ (L': Satzlänge eines tags einschließlich des Zeichens für Stringende)
2. Die Zahl der Durchgänge ist abhängig von der Zahl s_0 der natürlichen Strings, die wir als Zufallsvariable auffassen können:

   ist wieder $2^{m-1} < s_0 \leqslant 2^m$, so folgt unmittelbar (einschließlich eines Durchgangs R_0 zur Feststellung der natürlichen Strings):

   $$n_{vN} = 1 + [\log_2 s_0].$$
3. Da pro Durchgang wegen der zusätzlichen Abfrage auf Stringende 2 N Vergleiche notwendig sind, folgt

   $$c_{vN} = 2\,N\,(1 + [\log_2 s_0]).$$

Ist D_0 eine Datei mit N Sätzen und Schlüsselwerten aus $\{1, 2, \ldots, N\}$ und geht man von der Voraussetzung aus, daß alle Permutationen $\pi = (i_1 \ldots i_N)$ von $(1 \ldots N)$ mit gleicher Wahrscheinlichkeit auftreten, so stellt man fest, daß der Erwartungswert der Zahl der natürlichen Strings wenig von N/2 abweicht. In diesem Falle gilt:

$$c_{vN} = 2N\,(1 + \log_2 \frac{N}{2}) = 2N \log_2 N = 2 \cdot c_{2\text{-}W}.$$

Das von-Neumann-Mischen erweist sich also i.a. dem 2-Wege-Mischen mit gleichen Stringlängen unterlegen.

Aus $c_{2\text{-}W} = N \cdot [\log_2 N] \geqslant c_{vN} = 2N\,(1 + [\log_2 s_0])$

folgt näherungsweise: $s_0 \leqslant \sqrt{N}$.

Das von-Neumann-Mischen ist also erst im Falle $s_0 \leqslant \sqrt{N}$ dem 2-Wege-Mischen mit gleichen Stringlängen überlegen. Dieser Fall tritt praktisch nur selten bei umfangreicheren Dateien ein.

Anmerkungen:

1. Das von-Neumann-Mischen geht in seiner historischen Form nicht von natürlichen, aufsteigend sortierten Teilketten aus, sondern von den natürlichen alternierend aufsteigend und absteigend sortierten Teilketten. In unserem Beispiel:

   12 ↘
   17 ↙
   5 ↑
   10 ↘ Man erhält 5 Teilketten und benötigt mit dem Durchgang
   19 ↙ R_0 zur Festlegung der Teilketten insgesamt 4 Durchgänge.
   4 ↑
   7 ↘
   11 ↙

2. Beim 2-Wege-Mischen mit gleicher Stringlänge müssen nicht notwendigerweise im 1. Durchgang benachbarte Elemente zu einem String der Länge 2 gemischt werden. Andere Verfahren zerlegen die ursprüngliche Menge der Sätze von D_0 in Paare mit äquidistantem Abstand d, die entstehenden Strings wiederum in Paare mit äquidistantem Abstand d/2 usw. Als in der Praxis gut geeignet hat sich $d = 2 \cdot [\frac{N}{4}] + 1$ erwiesen.

5.4 Sortieren durch Einfügen (insertion)

5.4.1 Die einfachste Variante des Sortierens durch Einfügen läßt sich folgendermaßen skizzieren. Aus einer linearen Datei (im Hauptspeicher oder auf externem Speicher) werden sukzessiv die (unsortierten) Sätze gelesen und die zugehörigen tags aufgebaut und in der durch die Schlüsselwerte gegebenen Ordnung in aufsteigender Reihenfolge in einem reservierten Hauptspeicherbereich gespeichert.

Beispiel: Die Schlüsselwertfolge der unsortierten Datei sei 12, 17, 5, 10, 19, 4, . . . ;
das Speichern der tags geschieht dann in folgender Form:

	Neuer Schlüsselwert	Sortierter Teil der tag-Datei
1.	12	leer ....
2.	17	12 | ....
3.	5	12 | 17 | ....
		⊢——→ Verschieben
4.	10	5 | 12 | 17 | ....
		⊢——→ Verschieben
5.	19	5 | 10 | 12 | 17 | .....
6.	4	5 | 10 | 12 | 17 | 19 | ....
		⊢——————→ Verschieben
Resultat:		4 | 5 | 10 | 12 | 17 | 19 | ....

Bei jedem neuen Schlüsselwert muß also zunächst die richtige Stelle für diesen Satz gefunden werden und evtl. vor der Speicherung eine Verschiebung der Sätze stattfinden, die einen größeren Schlüsselwert aufweisen.

Je nach Art des Aufsuchens der betreffenden Speicherstelle erhält man für die charakteristischen Größen:

1. $S_E = N \cdot L'$
2. $n_E = N$
3. a) bei sequentiellem Durchsuchen der tag-Datei:

$$c_{E,1} = \sum_{i=2}^{N} \frac{i+1}{2} \quad \text{(vgl. S. 34),}$$

$$\text{also } c_{E,1} = \frac{N-2}{2}\left(\frac{N+1}{2} + 1\right) \approx \frac{N^2}{4}$$

b) bei binärem Durchsuchen der tag-Datei:

$$c_{E,2} = \sum_{i=2}^{N} [\log_2 i] \approx \log_2 \cdot \prod_{i=2}^{N} i \approx N \cdot \log_2 \left(\frac{N}{e}\right)$$

c) bei m-Wege-Suchen mit jeweils äquidistanter Blockaufteilung ($m \ll N$)

$$c_{E,3} \approx \sum_{i=1}^{N} \left(\frac{m+1}{2} + \frac{\frac{i}{m} + 1}{2} \right) = \frac{N(m+2)}{2} + \frac{1}{2m} \cdot \frac{N(N+1)}{2}, \text{ also}$$

$$c_{E,3} \approx \frac{N^2}{4m}.$$

Die Zahl der Verschiebungen ist von der Art des Suchens unabhängig.

5.4.2 Speichert man das erste Element in der Mitte des reservierten Hauptspeicherbereichs und jedes weitere Element links oder rechts von diesem Element in Abhängigkeit vom Resultat des Schlüsselwertvergleichs, so spart man gegenüber der oben erwähnten Methode durchschnittlich die Hälfte der Vergleiche pro einzufügendes Element.

5.4.3 Eine häufig verwendete Form des Sortierens durch Einfügen besteht im Aufbau einer doppelt verketteten Datei der tags. Jeder tag besteht aus vier Segmenten: ADR 1, SCHLÜSSEL, ADR, ADR 2 mit <SCHLÜSSEL (j)> := $s(S_j)$ und <ADR (j)> := Adresse (S_j).

Ist $t_1, \ldots, t_i$ die Folge der tags, so gelte ferner:

$$\langle \text{ADR } 1(j) \rangle := \begin{cases} \text{Adresse } (t_k)\text{: } s(S_k) := \max\limits_{s(S_l) < s(S_j),\ l \leqslant i} s(S_l) \\ * : s(S_j) = \min\limits_{l \leqslant i} s(S_l) \end{cases}$$

$$\langle \text{ADR } 2(j) \rangle := \begin{cases} \text{Adresse } (t_k) : s(S_k) := \min\limits_{s(S_l) > s(S_j),\ l \leqslant i} s(S_l) \\ \square : s(S_K) := \max\limits_{l \leqslant i} s(S_l) \end{cases}$$

Veranschaulichung:

tag:	ADR 1	SCHLÜSSEL	ADR	ADR 2

Aufbau der tag-Datei (bei der Schlüsselwertfolge 12, 17, 5, 10, . .):

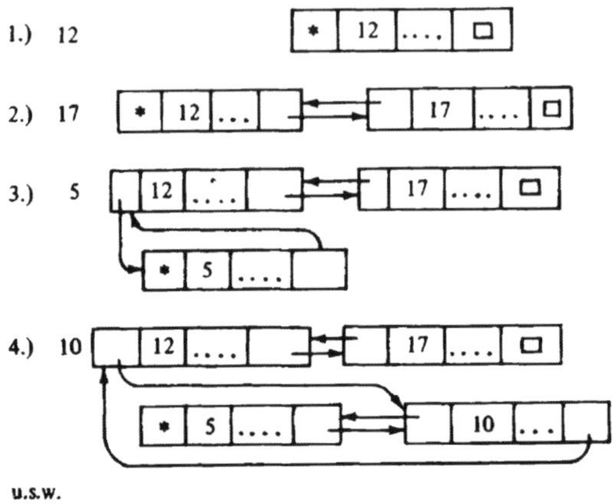

Der Vorteil einer doppelt verketteten Datei gegenüber einer einfach verketteten Datei liegt in der Tatsache, daß sowohl in aufsteigender als auch in absteigender Folge der Schlüsselwerte das Suchen ermöglicht wird.

In vielen Fällen reicht aber eine einfach verkettete tag-Datei aus. Das Einfügen neuer Sätze erfolgt wie in (2.2.4).

Übungsaufgabe 9: Man beweise Satz (5.1.3.1).

Übungsaufgabe 10: Man beweise Satz (5.2.1.1).

Hinweis: man zeige zunächst: $n_{PA} \leqslant \frac{N^2}{4} + 1$.

Übungsaufgabe 11: Eine sortierte lineare Datei mit 25 Sätzen weist 7 natürliche (alternierende) Strings auf. Ist i.d.F. das von-Neumann-Mischen dem 2-Wege-Mischen mit gleicher Stringlänge vorzuziehen? (Begründung!)

Übungsaufgabe 12: Die Schlüsselwerte einer Datei D seien $\{1, 2, \ldots, N\}$; jede Permutation $\pi = (j_1 \ldots j_N)$ von $(12 \ldots N)$ sei als Ausgangsfolge gleich wahrscheinlich.

Wird der Erwartungswert der Zahl der natürlichen Strings geringer, wenn statt aufsteigender natürlicher Strings die alternierenden natürlichen Strings für den ersten Mischdurchgang verwendet werden?

§ 6 Gestreut gespeicherte Dateien

Wir gehen von einem Wurzelbaum B(D) und einer Sortierfunktion $s : K_m(D) \to N$ aus.

Sei ferner $f: N \to Z$ eine Abbildung der natürlichen in die ganzen Zahlen (*„Speicherfunktion", „hash function"*).

(6.0.1) *Def.* Eine Datei $D = B(D), Z(D), A(D), \varphi_D)$ ist eine *gestreut gespeicherte* Datei *ohne Überlauf zur Speicherfunktion f* g.d.w. gilt:

1. $U(D) = K_0(D) \cup K_1(D) \cup \ldots \cup K_m(D)$ („unmittelbar adressierte Dateiteile")

2. $\underline{A(D)\ (k) = f(s(k)) \in N\ \forall\ k \in K_m(D)}$,

$$A(D)\,(k) = \min_{k' \in k} A(D)\,(k')\ \forall\ k \in K_{m-1}(D),$$

$$\vdots$$

$$A(D)\,(k) = \min_{k' \in k} A(D)\,(k')\ \text{für}\ k \in K_0(D).$$

Eine Datei mit *Satzadressierung* ist eine gestreut gespeicherte Datei ohne Überlauf mit $s: K_2(D) \to N$, eine Datei mit *Blockadressierung* ist eine gestreut gespeicherte Datei ohne Überlauf mit $s: K_1(D) \to N$.

Wesentliche Typen von gestreut gespeicherten Dateien lassen sich aus den Eigenschaften der Speicherfunktion f herleiten.

6.1 Direkte Adressierung

(6.1.1) *Def.* Eine ***direkt adressierbare*** Datei D ist eine gestreut gespeicherte Datei ohne Überlauf, für die gilt: die Speicherfunktion f ist injektiv.

Gebräuchliche Speicherfunktionen sind:

$$f(n) = a \cdot n + b \qquad (a \in N, b \in Z)$$

Beispiel: Eine Datei bestehe aus 320 Sätzen konstanter Satzlänge mit Schlüsselwerten aus $\{1, \ldots, 999\}$. Die Sätze dieser Datei sollen auf einer Magnetplatte auf den Zylindern 140, 141 u.f. gespeichert werden; pro Spur lassen sich 10 Sätze speichern, jeder Zylinder besitze 10 Spuren. Wir wählen:

$f(n) := n + 14000.$

Damit folgt:
$s(k) = 1 \Rightarrow A(k) = 14001$
$s(k) = 7 \Rightarrow A(k) = 14007$
$s(k) = 14 \Rightarrow A(k) = 14014$
$s(k) = 112 \Rightarrow A(k) = 14112$ u.s.w.

Die Adressen A(k) lassen sich sofort wieder den physisch realisierten Adressen zuordnen mittels:

$$A(k) = 1 \cdot 10^4 + z_3 \cdot 10^3 + z_2 \cdot 10^2 + z_1 \cdot 10^1 + z_0$$

$\rightarrow$ Zylinder $1z_3z_2$,

Spur z_1,

Satz z_0. $(z_i \in \{0, 1, \ldots, 9\})$

Der Vorteil der direkten Adressierung liegt in der Tatsache, daß kein Überlauf auftreten kann (vgl. (6.3)), weil jede Adresse höchstens einem Satz zugeordnet ist.

Nachteilig ist gegenüber den indirekten Adressierungsmethoden, die im folgenden geschildert werden, die häufig recht geringe Speicherplatzausnutzung, die durch den Belegungsfaktor α gekennzeichnet wird:

$$\alpha := \frac{\text{Anzahl der Sätze der Datei}}{\text{zur Verfügung gestellter Speicherplatz (in Satzlängen)}} .$$

In unserem Beispiel ist $\alpha = \frac{320}{1000} = 0{,}32$. Nicht selten treten in der Praxis Speicherplatzausnutzungen in der Größenordnung $\alpha = 10^{-3}$ auf (z.B. 6-stellige Dezimalzahlen als Schlüsselwerte, 1000 realisierte Schlüsselwerte, $f(n) := n$). Diese äußerst unökonomische Speicherplatzbelegung vermeidet man, wenn auf die Injektivität der Speicherfunktion verzichtet wird. Dann allerdings können Mehrfachbelegungen (*„Überlauf"*) auftreten, wenn nämlich für mehrere Sätze $S_1, \ldots, S_k$ gilt:

$$f(s)S_i)) \equiv a_0 \in N.$$

6.2 Indirekte Adressierung

(6.2.1) *Def.* Eine (auf Satzebene) *indirekt adressierte* Datei $D = (B(D), Z(D), A(D), \varphi_D)$ zur Speicherfunktion $f: N \to Z$ ist eine Datei mit folgenden Eigenschaften:

1. ist $k \in K_2(D)$ und $k \notin U(D)$, dann existiert ein $k' \in U(D)$ mit $f(s(k')) = f(s(k))$ und ein Pfeilweg w in Z(D) mit Anfangsecke k' und Endecke k.
2. f ist nicht injektiv.

Jeder Satz k ist also entweder direkt adressiert und seine Adresse aus dem Schlüsselwert und der Speicherfunktion berechenbar, oder der Zugriff erfolgt über den *„Haussatz"*, welcher den gleichen „transformierten Schlüsselwert" f(s(k)) (*„Hausadresse"*) aufweist. Im letzteren Falle ist k ein *„Überläufer"*.

Die Zahl der Überläufer kann durch folgende Maßnahmen beeinflußt werden:

a) Wahl eines geeigneten Belegungsfaktors α:
Der Belegungsfaktor sollte zwischen 0,6 und 0,95 liegen; werden wenig Neuzugänge in der Datei D erwartet, so ist 0,8 erfahrungsgemäß ein nützlicher Belegungsfaktor.

b) Bildung von „buckets":
Einer Adresse wird dabei nicht nur ein Speicherbereich in der Länge L eines Satzes zugeordnet, sondern ein Bereich einer mehrfachen Satzlänge: $m \cdot L$. Dann können m Sätze („bucket") mit der gleichen Hausadresse linear in diesem Bereich gespeichert werden, ohne daß der Überlauf besondere Schwierigkeiten bereitet.

In der Praxis wird die Bildung von „buckets" bei der Spuradressierung auf Magnetplatten etc. sehr häufig vorgenommen.

Bei der physischen Realisation einer Datenmenge (B(D)) als indirekt adressierte Datei D stellen sich zwei Probleme:

a) Wahl einer geeigneten Speicherfunktion f
b) Auflösung von Doppelbelegungen durch Organisation des Überlaufs.

6.2.2 Gebräuchliche Speicherfunktionen

Die Auswahl von Speicherfunktionen aus der Menge aller nicht injektiven Abbildungen $f: N \to Z$ erfolgt nach mehreren Gesichtspunkten, insbesondere:

1. Geringer Zeitaufwand zur Berechnung von f(s(k))
2. Die Bildmenge der Schlüsselwerte entspricht bezüglich Mächtigkeit (bis auf den Faktor α) der Menge der reservierten Adressen
3. Die Urbildmengen der einelementigen Bilder sollen annähernd gleiche Mächtigkeiten aufweisen.

6.2.2.1 Divisions-Rest-Verfahren

$f(n) := b + (n \bmod p)$ ($b \in Z$: Basisadresse; p Primzahl)

p gibt die Kapazität des bereitgestellten Speicherbereichs an und wird als Primzahl gewählt, um die Wahrscheinlichkeit von Doppelbelegungen gering zu halten.

Beispiel (vgl. S. 57)

$\| K_2(D) \| = 320$, $s(k) \in \{1, \ldots, 999\}$; es seien jeweils 10 Sätze pro Spur ab Zylinder 140 speicherbar (1 Zylinder ≙ 10 Spuren).

a) Satzadressierung: wir wählen einen Belegungsfaktor 0,8, daher eine Primzahl um 400, etwa p = 401;
   f(n) := 14000 + (n mod 401); man erhält z.B.

   s(k) = 72 ⇒ f(s(k)) = 14072 = *Zyl. 140, Spur 7, Satz 2*
   s(k) = 380 ⇒ f(s(k)) = 14380 = Zyl. 143, Spur 8, Satz 0
   s(k) = 412 ⇒ f(s(k)) = 14011 = Zyl. 140, Spur 1, Satz 1
   s(k) = 874 ⇒ f(s(k)) = 14072 = *Zyl. 140, Spur 7, Satz 2*
   s(k) = 945 ⇒ f(s(k)) = 14143 = Zyl. 141, Spur 4, Satz 3

b) Spuradressierung: es werden 32 Spuren benötigt; bei einem Belegungsfaktor von 0,8 wählen wir p = 41;

f(n) := 1400 + (n mod 41); man erhält z.B.

s(k) = 72 ⇒ f(s(k)) = 1431 = Zyl. 143, Spur 1
s(k) = 380 ⇒ f(s(k)) = 1411 = Zyl. 141, Spur 1
s(k) = 412 ⇒ f(s(k)) = 1402 = *Zyl. 140, Spur 2*
s(k) = 874 ⇒ f(s(k)) = 1413 = Zyl. 141, Spur 3
s(k) = 945 ⇒ f(s(k)) = 1402 = *Zyl. 140, Spur 2*

Während in unserem Beispiel bei der Satzadressierung ein Überlauf eintritt, wird bei der Spuradressierung ein bucket (Spur) von zwei Sätzen belegt. Spur-Überlauf tritt erst dann auf, wenn mehr als 10 Sätze der gleichen Spur zugewiesen werden.

6.2.2.2 Zerlegungsmethoden

1. Abschneiden (sectioning):

   Ist $s(k) = \sum_{i=0}^{m} z_i \, 10^i \, (0 \leqslant z_i \leqslant 9)$ die Darstellung des Schlüsselwertes im Dezimalsystem, so wird als Speicherfunktion gewählt:

   $f(\sum_{i=0}^{m} z_i \cdot 10^i) := \sum_{i=0}^{m_0} z_i \cdot 10^i$ mit $m_0 \in N$;

   man betrachtet also nur die letzten m_0 Stellen und wählt natürlich m_0 so, daß der reservierte Speicherbereich 10^{m_0+1} Adressen aufweist. Diese Methode entspricht der Divisions-Rest-Methode zum Modul 10^{m_0+1}.

2. Extrahieren:
   Aus dem Schlüsselwert in Dezimaldarstellung (oder Binärdarstellung) werden einzelne Stellen ausgewählt, an denen die realisierten Schlüsselwerte eine möglichst der Gleichverteilung nahekommende Verteilung über die erlaubten Ziffern aufweisen. Die Auswahl erfolgt durch die *Ziffernanalyse:* gegeben seien die Schlüsselwerte als n-stellige Dezimalzahlen; man bestimme die relative Häufigkeit p_{ij} der Ziffer $i \in \{0, \ldots, 9\}$ in der j-ten Stelle des Schlüsselwertes, z.B.

Ziffer \ Stelle	1	2	3	. . .	n
0	1/3	1/10	1/5		0
1	1/3	1/10	1/20		0
2	1/3	1/4	0		1/2
3	0	1/4	0		0
4	0	0	1/10	. . .	1/4
5	0	1/10	1/4		0
6	0	1/20	0		1/4
7	0	0	1/20		0
8	0	1/20	0		0
9	0	1/10	7/20		0

Als Kriterien für eine „gute" Verteilung der Ziffern in der Stelle j werden herangezogen:

$$p_j^* := \max_i p_{ij} \text{ oder } p_j^{**} := \max_{i,i'} (p_{ij} - p_{i'j})$$

$$\text{oder } p_j^{***} := \sum_i (p_{ij} - \bar{p}_j)^2 \text{ mit } \bar{p}_j := \frac{1}{10} \sum_i p_{ij}.$$

Man wählt diejenigen Stellen aus, bei denen p_j^* bzw. p_j^{**} bzw. p_j^{***} möglichst klein sind. Die Zahl m_0 der ausgewählten Stellen wird wieder durch die Größe des bereitgestellten Hauptspeicherplatzes festgelegt.

3. Falten:
   Ist $s(k) = \sum_{i=0}^{m} z_i \cdot 10^i$ die Darstellung des Schlüsselwertes im Dezimalsystem, so wird die Speicherfunktion folgendermaßen definiert:

   $$f(\sum_{i=0}^{m} z_i 10^i) := \sum_{i=0}^{m} z_i 10^{j_i} \text{ mit } j_i \in \{0, \ldots, m_0\} \text{ und } j_i \leqslant i \ \forall i.$$

Beispiel: $s(k) = 6\ 3\ 0\ 1\ 4\ 2\ 9$,

$f(s(k)) = 60 \cdot 10^2 + 314 + 29 = 6343.$

6.2.2.3 Multiplikationsmethoden

Diese Verfahren vergrößern i.a. die Stellenzahl des Schlüsselwertes und werden daher mit anderen indirekten Adressierungsverfahren kombiniert.

1. Multiplikation mit Konstanten:
   Man betrachtet $a \cdot s(k)$ ($a \in N$) und verwendet eines der vorher geschilderten Verfahren; allgemeiner betrachtet man $s(k) = \sum_{i=0}^{m} z_i 10^i$ und definiert in Verallgemeinerung der Faltung:
   $$f(\sum_{i=0}^{m} z_i \cdot 10^i) = \sum_{i=0}^{m} a_i z_i \quad (a_i \in N).$$ Als Spezialfall erhält man

2. Basistransformation:
   Ist $s(k) = \sum_{i=0}^{m} z_i \cdot 10^i$ die Darstellung eines Schlüsselwertes im Dezimalsystem, so ist
   $$f(\sum_{i=0}^{m} z_i \cdot 10^i) = \sum_{i=0}^{m} z_i b^i \text{ mit } b \in N, b > 10$$

Beispiel: $s(k) = 6082$, $b = 11 \Rightarrow f(s(k)) = 6 \cdot 11^3 + 8 \cdot 11 + 2 \cdot 11^0 = 8076$.

Anschließend wird erneut eine der vorher geschilderten Speicherfunktionen verwendet.

6.3 Behandlung des Überlaufs

6.3.1 Überlauf-Hash

Ist die erwartete Zahl der Überläufer gering, so kann man alle Überläufer in einem separaten Überlaufbereich linear speichern. Der Zugriff zu einem Satz S_j der Datei D erfolgt über die Hausadresse $f(s(S_j))$ und – falls der Haussatz nicht mit S_j übereinstimmt – durch sequentielles Suchen im Überlaufbereich.

Beispiel: Speicherung eines deutsch-englischen Wörterbuches; zu speichernde Wörter: AUTO, BAUM, BALL, DING, DORF, ENGEL, FUSS, FINGER; als Hausadressen gelten die Anfangsbuchstaben.

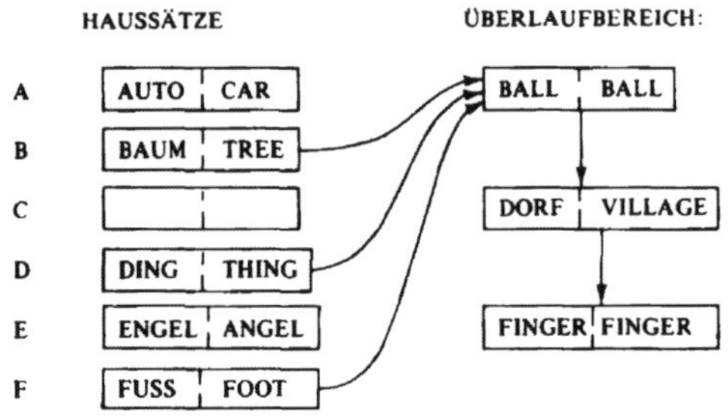

6.3.2 Überlauf mit Verkettung

Für jede Hausadresse $f(s(S_j))$ ($S_j \in K_2(D)$) wird ein separater Überlaufbereich reserviert, in dem alle Überläufer mit gleicher Hausadresse linear gespeichert werden.

Beispiel (vgl. (6.3.1)):

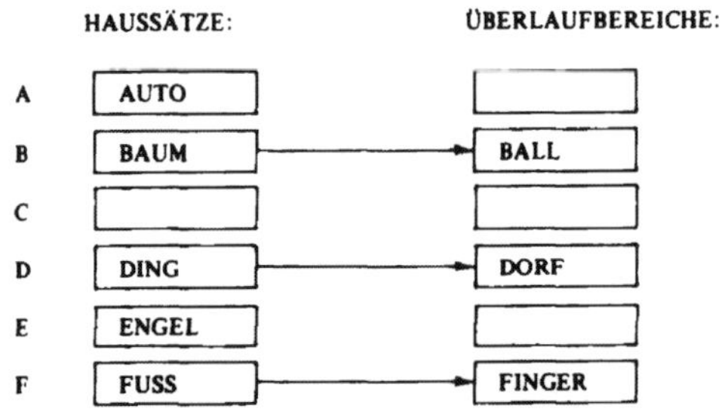

Der Zugriff erfolgt über die Hausadresse und ggfs. über einen Adreßverweis im Haussatz und evtl. weitere Adreßverweise im Überlaufbereich.

Dem Überlauf mit Verkettung entspricht insbesondere auch die Bildung von buckets. Bei der Spuradressierung wird für den Haussatz und die Überläufer eine Spur reserviert; die lineare Speicherung wird durch sequentielles Anordnen auf der Spur realisiert. Eine weitverbreitete Form der Überlauforganisation ist die Kombination von Überlauf mit Verkettung in Form der Spuradressierung und des Überlauf-Hash in Form eines zusätzlichen unabhängigen Überlaufbereichs, in dem alle Überläufer, die nicht auf den für die Hausadressen reservierten Spuren Platz finden, linear gespeichert werden.

6.3.3 Überlauf mit interner Verkettung

Werden für eine Datei mindestens soviel Speicherplätze reserviert wie Sätze vorhanden sind, so kann der Überlaufbereich im reservierten Bereich lokalisiert sein. Das Auffüllen des reservierten Bereichs mit Überläufern kann dabei auf verschiedene Arten geschehen. Wir schildern zunächst das Verfahren mit interner Verkettung.

Die physische Realisation der Datei („Laden") erfolgt in zwei Schritten:

1. Laden der Haussätze
2. Überläufer werden jeweils auf den Speicherplatz gespeichert, der unter allen noch freien Speicherplätzen (mit größerer Adresse als die betreffende Hausadresse) die kleinste Adresse aufweist; zugleich wird eine Adreßkette aufgebaut.

Beispiel (vgl. (6.3.1)):

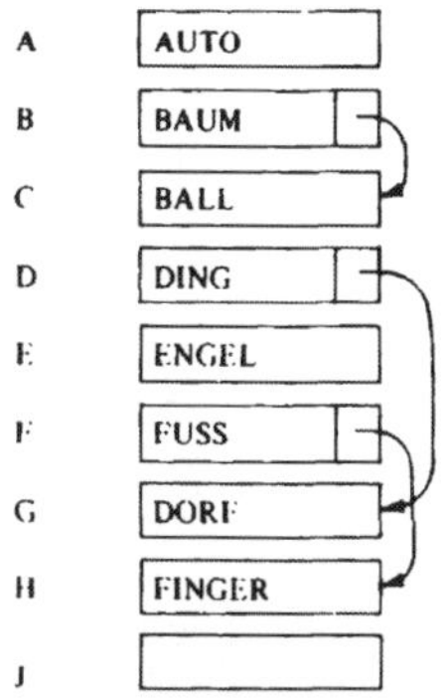

Anmerkung: Ist für einen Überläufer kein Speicherplatz mit höherer Adresse als seiner Hausadresse frei, so beginnt man bei der Suche nach freiem Speicherplatz wieder bei der kleinsten Hausadresse.

6.3.4 Offener Hash-Code

Beim offenen Hash-Code werden alle Sätze in einem Durchgang „geladen". Tritt ein Überlauf ein, so kann die Suche nach einem freien Speicherplatz auf verschiedene Weise erfolgen.

a) Lineares Suchen:
   Der Überläufer wird auf dem nächsten freien Speicherplatz mit höherer Hausadresse gespeichert.

Beispiel:

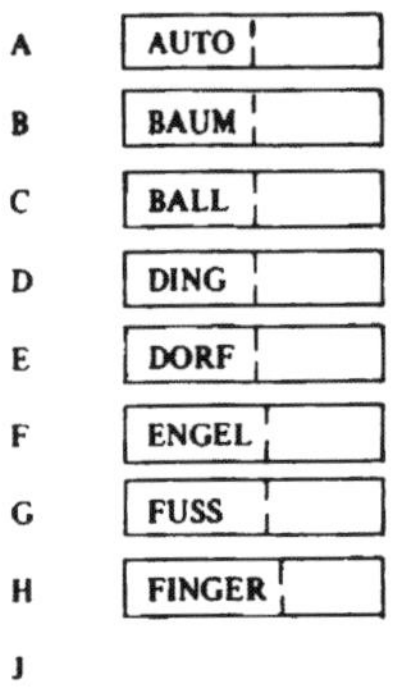

Der Zugriff zu einem Satz S_j erfolgt über seine Hausadresse $f(s(S_j))$ und – falls der Haussatz nicht mit S_j übereinstimmt – durch sequentielles Suchen im Bereich mit höheren Hausadressen (evtl. mit Fortsetzung bei der kleinsten Hausadresse).

b) Suchen mit Zufallszahlen:
Sei S_j ein Überläufer und $r_1, r_2 \ldots$ eine Folge von Pseudo-Zufallszahlen; dann betrachten wir die Folge der (relativen) Adressen

$A_i := [f(s(S_j) + r_i] \bmod M$ (M : Zahl der reservierten Speicherplätze)

Wir wählen für S_j den ersten *freien* Speicherplatz in der Adressenfolge A_i.
Der Pseudo-Zufallszahlen-Generator soll dabei jede Zahl $i \in \{1, \ldots, M-1\}$ in der Folge $r_1, \ldots, r_{M-1}$ genau einmal erzeugen.

c) Quadratisches Suchen:
Man betrachtet die Adressenfolge (relative Adressen)

$A_i := [f(s(S_j)) + a \cdot i + b \cdot i^2] \bmod M \; (a, b \in N)$.

Der Vorteil gegenüber dem Suchen mit Zufallszahlen liegt in der schnelleren Berechnung der relativen Adressen.

Der Nachteil der bisher geschilderten Methode besteht in der Tatsache, daß für Überläufer mit gleicher Hausadresse jeweils die gleichen Folgen von relativen Adressen erstellt werden. Diesen Nachteil vermeidet man mit folgender Adressenfolge:

$$A_i := [f(s(S_j)) + a \cdot i + b(s(S_j)) \cdot i^2] \bmod M$$

mit $a \in N$ und geeigneter Abbildung $b: N \to Z$.

6.4 Suchen in gestreut gespeicherten Dateien

Bei direkt adressierten oder indirekt adressierten Dateien ohne Überlauf erfolgt das Suchen eines Satzes S_j durch das Berechnen seiner Hausadresse $f(s(S_j))$ und das Aufsuchen dieser Adresse.

Bei indirekt adressierten Dateien mit Überlauf erfolgt das Suchen zwar immer über die Hausadresse. Stimmt der Haussatz aber nicht mit dem vorgegebenen Satz überein, erfolgt der weitere Zugriff unterschiedlich je nach Typ der Datei.

a) Beim Überlauf-Hash und beim Überlauf mit Verkettung oder interner Verkettung wird man bei vorgegebenen Bewegungshäufigkeiten (bezüglich der Gesamtheit aller Sätze oder bezüglich der Menge aller Sätze mit gleichen Hausadressen) das „Laden" in monoton fallender Folge der Bewegungshäufigkeiten vornehmen, so daß insbesondere der Haussatz maximale Bewegungshäufigkeiten unter allen Synonymen (Sätze mit gleicher Hausadresse) aufweist.

   Setzen wir wieder gleiche Bewegungshäufigkeiten für alle Sätze voraus und unterstellen wir eine Gleichverteilung der Schlüsselwerte sowie eine Poisson-Verteilung mit dem Erwartungswert α (als Approximation für die betreffende Binomialverteilung) für die Zahl der Überläufer jeder Hausadresse, so erhält man im Falle des Überlaufs mit Verkettung oder interner Verkettung als Erwartungswert der Länge des Zugriffsweges näherungsweise (vgl. S. 34):

   $$E_\alpha(l(Z)) \approx 1 + \frac{\alpha}{2} \quad (\alpha : \text{Belegungsfaktor})$$

   Dies bedeutet im Falle $\alpha = 0{,}8$: $E_{0,8}(l(Z)) = 1{,}4$.

   Bei unterschiedlichen Bewegungshäufigkeiten kann dieser Wert erheblich unterschritten werden, wenn obige Anmerkungen befolgt werden.

b) Beim offenen Hash-Code wird man nicht nur die Synonyme in monoton fallender Folge der Bewegungshäufigkeiten, sondern die Menge aller Sätze nach ihren Bewegungshäufigkeiten „laden".

Bei gleichen Bewegungshäufigkeiten für alle Sätze und gleichverteilten Schlüsselwerten erhält man für den Erwartungswert der Länge des Zugriffswegs näherungsweise (vgl. [20]):

$E_\alpha(l(Z)) = \frac{2-\alpha}{2-2\alpha}$ bei linearem Suchen,

$E_\alpha(l(z)) = -\frac{1}{\alpha}\ln(1-\alpha)$ bei Suchen mittels Pseudo-Zufallszahlen.

Für $\alpha = 0{,}8$ ergibt das: $E_{0,8}(l(Z)) \approx 3$ bei linearem Suchen,
$E_{0,8}(l(Z)) \approx 2$ bei Suchen mittels Pseudo-Zufallszahlen.

Die Abschätzung des Erwartungswertes der Länge des Zugriffsweges wird unverhältnismäßig schwieriger, wenn bucket-Bildung zugelassen wird. Nur in wenigen Fällen mit speziellen Voraussetzungen sind bisher analytische Ausdrücke für $E(l(z))$ gewonnen worden (vgl. [20], [4], [3]).

Übungsaufgabe 13: Ein Datenbestand von 2000 Sätzen weist 6-stellige Dezimalzahlen als Schlüsselwerte auf. Eine Ziffernanalyse ergibt folgende relative Häufigkeiten:

Ziffer \ Stelle	1	2	3	4	5	6
0	1/2	1/8	1/10	1/10	1/8	0
1	1/4	1/12	0	1/10	1/10	1/5
2	1/4	1/12	1/5	1/10	1/5	0
3	0	1/10	0	1/10	1/20	1/5
4	0	1/10	1/5	1/10	1/16	0
5	0	1/10	0	1/10	1/20	1/5
6	0	1/10	1/10	1/10	1/8	0
7	0	1/8	0	1/10	1/10	1/5
8	0	1/12	2/5	1/10	1/16	0
9	0	1/10	0	1/10	1/8	1/5

Man gebe eine geeignete Speicherfunktion zum Extrahieren (6.2.2.2(2)) an.

Man gebe möglichst scharfe obere und untere Schranken für den Erwartungswert der Zahl der Überläufer an. Dabei unterstelle man einfachheitshalber: die Schlüsselwerte entstehen durch unabhängige Wiederholung eines Zufallsexperiments, welches jeweils mit der Wahrscheinlichkeit 10^{-6} eine der Zahlen 0, 1, 2, . . . , $10^6 - 1$ liefert.

Übungsaufgabe 14: Eine gestreut gespeicherte Datei, deren Überlauf mit Verkettung (vgl. (6.3.2) erfolgt, weist gleiche Bewegungshäufigkeit für alle Sätze auf, die zur gleichen Hausadresse A_j gehören. Die Zahl z_j der Synonyme mit Hausadresse A_j sei poissonverteilt:

$$P(z_j = k) = \frac{\alpha_j^k}{k!} \cdot e^{-\alpha_j} \quad (\alpha_j > 0).$$

Man bestimme den Erwartungswert der Länge des Zugriffsweges.

§ 7 Verkettete Dateien

7.1 Definition verketteter Dateien und spezieller Typen

Wir haben bereits in (2.2.4) einfach verkettete lineare Dateien eingeführt; daneben tauchten in den bisherigen Ausführungen verkettete Dateien in (3.2) (Iliffe-Verfahren) sowie bei der Behandlung des Überlaufs von gestreut gespeicherten Dateien auf. Wir wenden uns nun der Definition allgemein verketteter Dateien zu.

(7.1.1) *Def.* Eine *verkettete* Datei D ist eine Datei D = (B(D), Z(D), A(D), φ_D) mit der Eigenschaft: es existieren v, w, $v' \in V$ mit

1. $(v, w) \in Z(D)$
2. $v' \in v$ und $\langle v' \rangle$:= Adresse (w) („Adreßverweis")

Existiert mindestens ein $v \in B(D)$, das mehrere Adreßverweise als Elemente enthält, so ist D eine *mehrfach* verkettete, andernfalls eine *einfach* verkettete Datei.

Eine verkettete Datei D heißt *auf Satzebene verkettet,* g.d.w. gilt:

sind S, $S_j \in K_2(D)$, $(S_i, S_j) \in Z(D)$ (bis auf Satzebene kontrahiert) ⇒ es existiert ein Segment $Se_{ij} \in S_i$ mit $\langle Se_{ij} \rangle$:= Adresse (S_j).

Eine verkettete Datei D heißt auf *Segmentebene* verkettet g.d.w. gilt:

sind Se_i, $Se_j \in K_3(D)$, $(Se_i, Se_j) \in Z(D)$ (bis auf Segmentebene kontrahiert) $\Rightarrow$ es existiert ein Feld $F_{ij} \in Se_i$ mit $<F_{ij}> :=$ Adresse (Se_j).

Ein klassisches Beispiel für eine mehrfach verkettete Datei – eine Dokumentendatei – wird später eingehend behandelt. Zuvor werden wir einige wichtige Spezialfälle anführen.

(7.1.2) *Def.* Eine einfache (o.E. auf Satzebene) verkettete Datei D heißt *zyklisch* g.d.w. gilt:

1. $U(D) = K_0(D)$ („Anker")
2. Z(D) ist ein elementarer Pfeilzykel*, der alle Sätze berührt.

Ist daher $(S_1, S_2, \ldots, S_N, S_1)$ die Spur dieses Pfeilwegs, so gilt:
es existiert ein Segment $Se_j \in S_j$ mit

$<Se_j> :=$ Adresse S_{j+1} $\forall j = 1, \ldots, N\text{-}1$,

$<Se_N> :=$ Adresse S_1.

Veranschaulichung:

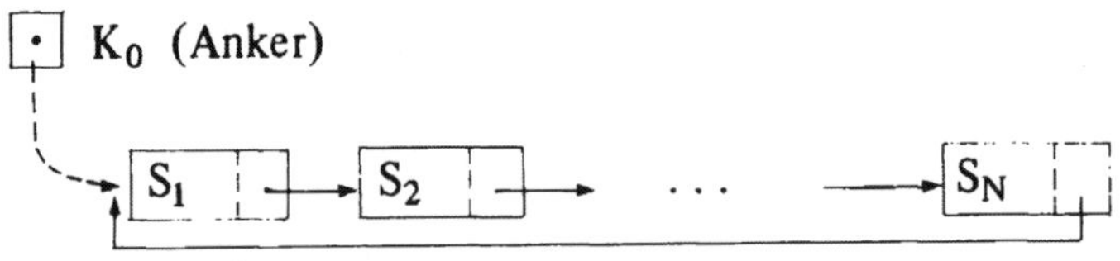

Der Vorteil der zyklischen gegenüber der linearen einfach verketteten Datei liegt in der Tatsache, daß jeder Satz von jedem anderen aus erreichbar ist, ohne auf den Anker zurückgreifen zu müssen.

Im Gegensatz zur doppelt verketteten linearen Datei ist aber der Zugriff nur in einer Richtung möglich.

*bei genauerer Betrachtung muß es heißen: $Z(D)_{K_2(D)}$ ist ein elementarer Pfeilzykel (vgl. (1.14))

Natürlich können auch doppelt gekettete Dateien in analoger Weise verkettet sein:

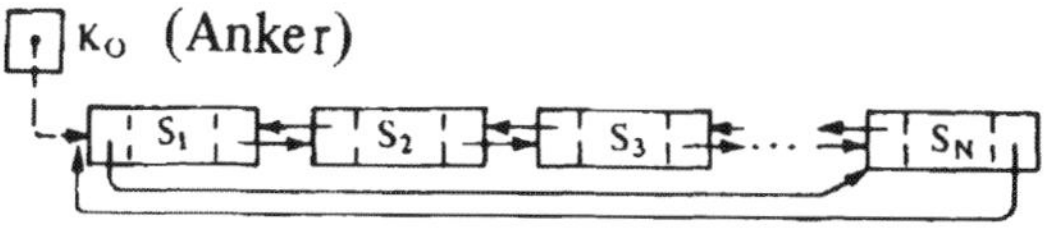

Eine derartige Verkettung erlaubt das Suchen nach Sätzen in beiden Richtungen, ohne auf den Anker zurückzugreifen und ohne Sätze mehrfach durchsuchen zu müssen.

(7.1.3) *Def.* Eine einfach verkettete Datei D (o.E. auf Satzebene) heißt ***baumartig einfach verkettet*** g.d.w. gilt:

1. $U(D) = K_0$ („Anker")
2. Z(D) ist ein gerichteter binärer Wurzelbaum

Ein typisches Beispiel für eine baumartig einfach verkettete Datei haben wir beim Iliffe-Verfahren bereits kennengelernt. Wir ergänzen dieses Beispiel durch zwei weitere Beispiele, die typisch sind für die häufigen Realisierungen baumartig einfach verketteter Dateien.

Beispiel: Speichern der Teilebeschreibung eines Autos

a) logische Struktur (ohne Anspruch auf Vollständigkeit und Allgemeinheit):

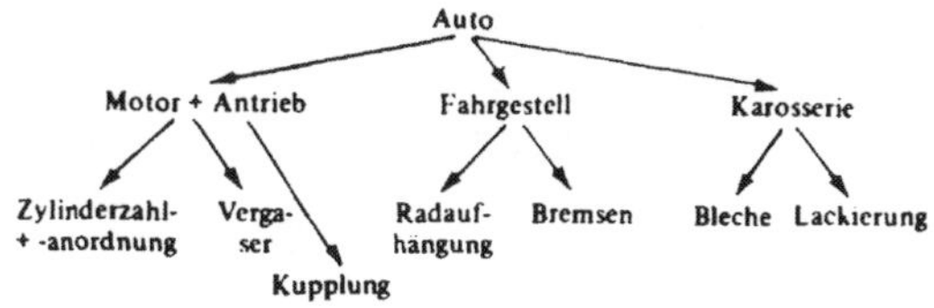

b) Zugriff:

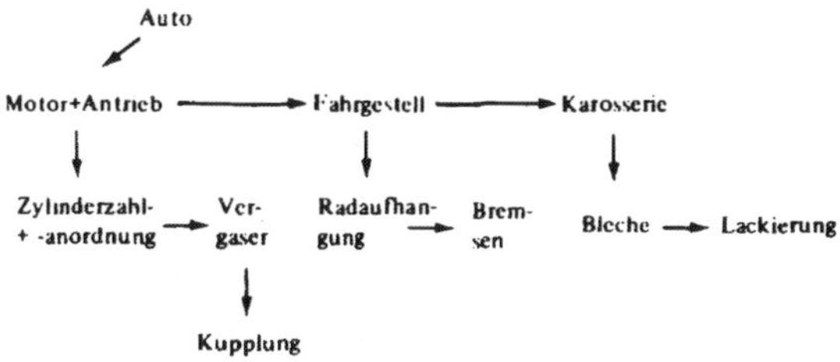

c) Realisation:

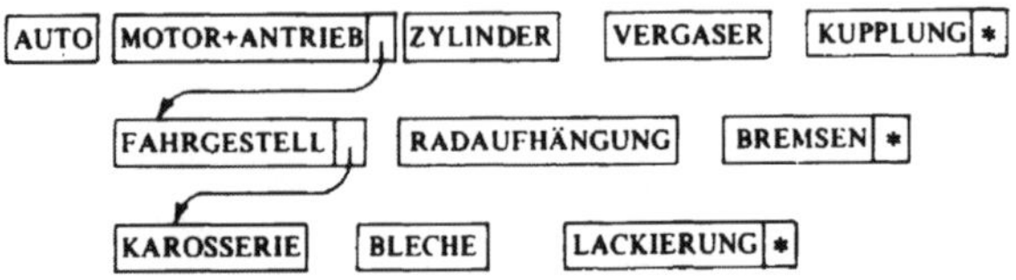

Um mit höchstens einem Adreßverweis pro Dateiteil auskommen zu können, werden lineare Teile in Bereiche mit aufsteigenden Adressen gespeichert und können ohne Adreßverweis sequentiell durchsucht werden. Das letzte Element einer sequentiell gespeicherten Kette enthält einen Adreßverweis, der das Ende der Kette anzeigt (*). Der Vorteil dieses Verfahrens liegt in der Einsparung von Adreßverweisen, der Nachteil in der geringen Flexibilität bei evtl. auftretenden Änderungen.

Beispiel: Speicherung einer Wörtermenge M

Sei M = {Auto, Autor, Anton, Antenne, Antilope, Artur, Arbeit, Arsen, Anilin, Arm, Anzahl, Berta, Bord}

a) Zugriff:

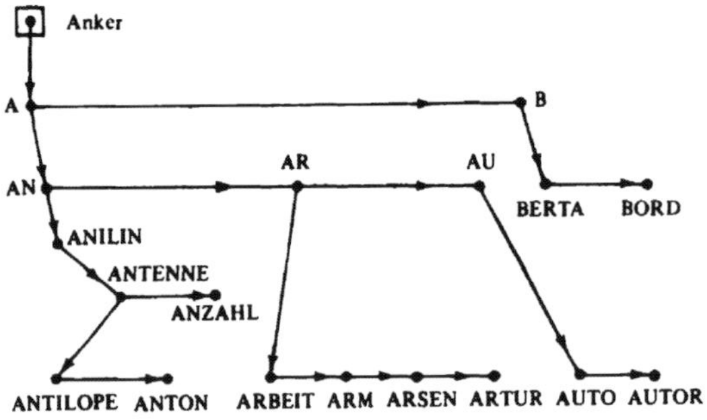

b) Realisation:

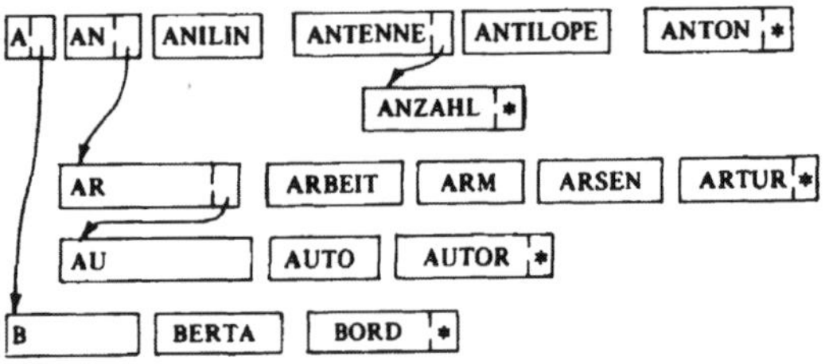

7.1.4 Index-verkettete Dateien

Wir betrachten eine auf Satzebene sortierbare Datei mit Sortierfunktion s, die wir gestreut speichern wollen. Es sei o.E. $1 \leqslant s(k) \leqslant M \;\forall\, k \in K_2(D)$ und $j_1, \ldots, j_m$ eine streng monoton wachsende Folge natürlicher Zahlen mit

$$1 \leqslant j_1 < j_2 < \ldots\ldots < j_m = M.$$

Wir betrachten folgende Speicherfunktion:

$$f(n) := \begin{cases} k \text{ mit } j_k = \min \left\{ j_i | j_i \geqslant n \right\} \\ 0, \text{ falls } n > j_m \end{cases}$$

Den Überlauf bei gestreuter Speicherung mittels Speicherfunktion f organisieren wir nach (6.3.2) („Überlauf mit Verkettung").

Veranschaulichung:

$M = 2000; j_1 = 35, j_2 = 250, j_3 = 712, j_4 = 1402, j_5 = 2000$; alle Sätze sind durch ihre Schlüsselwerte gekennzeichnet.

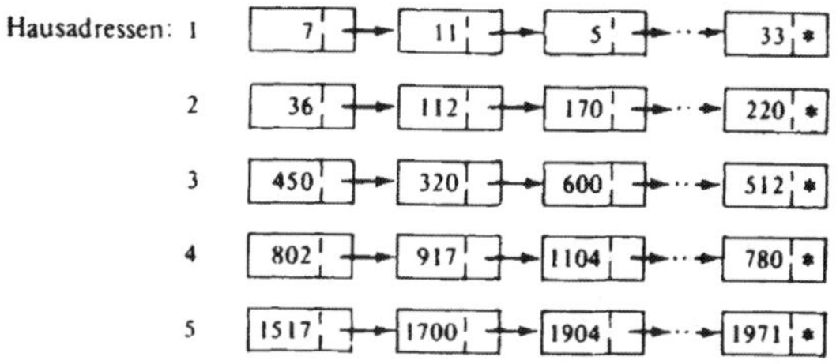

Werden die Synome noch in Sortierfolge aufsteigend verkettet und zusätzlich ein „künstlicher Haussatz" $S^*(A_j)$ für jede Hausadresse A_j eingeführt, der ein Segment Se_j^* enthält mit

$$<Se_j^*> := \max_{f(s(S_k)) = j} s(S_k),$$

so spricht man von einer *indexverketteten Datei* D*:

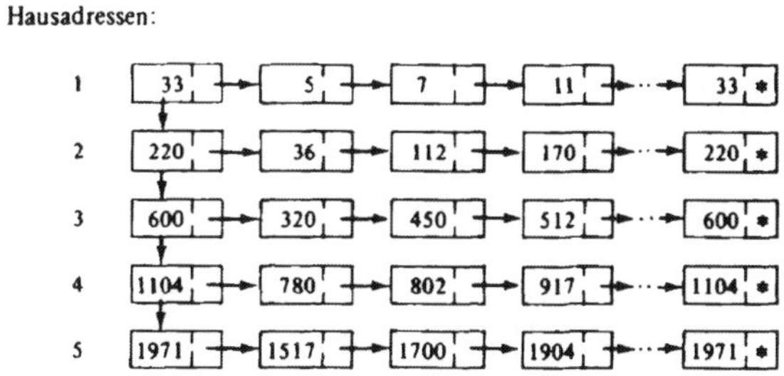

Die Menge der „künstlichen Haussätze" bezeichnet man als *Index* von D. Einen Satz der Datei D findet man offenbar auf folgende Weise:

1. Sequentielles Durchsuchen des Index und jeweils Schlüsselvergleich
2. Gilt für den Schlüssel s(S) des vorgegebenen Satzes:

   $<Se_j^* > < s(S) \leqslant <Se_{j+1}^*>$, so muß dieser Satz zu den Synonymen mit Hausadresse j+1 zählen.

Das Einfügen neuer Sätze kann entsprechend bewerkstelligt werden.

Ist der Index zu umfangreich zum sequentiellen Durchsuchen, so kann ein verfeinertes Suchverfahren (z.B. binäres Suchen) für den Index zur Anwendung gelangen. Häufig wird man aber für den Index selbst wieder einen weiteren Index erstellen u.s.w.

Anmerkung: Verzichtet man auf die Adreßverweise und realisiert man die linearen Ketten durch sequentielles Speichern in Bereichen mit aufsteigenden Adressen (z.B. Spur einer Magnetplatte oder Magnettrommel), so spricht man von *index-sequentieller Speicherung.* Der Index heißt gewöhnlich Spurindex, weitere Indizes Zylinderindex, 1. Hauptindex, 2. Hauptindex u.s.w. Die feste Reservierung von Speicherplatz für jeweils alle Synonyme eines Haussatzes birgt die Gefahr des Überlaufs in sich; der Überlauf wird üblicherweise in Form des Überlauf-Hash in „unabhängigen Überlaufbereichen" (eine Spur jedes Zylinders und ein zusätzlicher unabhängiger Überlaufbereich) gespeichert.

7.2 Dokumentendatei und „information retrieval"

Bei allen Varianten des Aufbaus von Dokumentendateien gehen wir von folgender Voraussetzung aus:

sei $D := \{D_1, \ldots, D_n\}$ die Menge der zu speichernden Dokumente; jedes Dokument $D_i \in D$ bestehe aus folgenden Segmenten:

1. K_i: Kopfsegment („Identifikator") von D_i (allgemeine Beschreibung, Name, Inventarnummer o.ä.)

2. $T_{i_1}, \ldots, T_{i_{n_1}}$: Deskriptoren aus der Menge $T = \{T_1, \ldots, T_m\}$, welche das Dokument D_i aufweist, daher also:

$$D_i = \{K_i, T_{i_1}, \ldots, T_{in_i}\} \quad (n_i \leqslant m, T_{ij} \in T)$$

Sei noch $T^{(i)} := \{T_{i1}, \ldots, T_{in_1}\}$, dann lautet die Hauptproblemstellung beim *'information retrieval'* wie folgt:

Problem: Gegeben sei eine Menge T_0 von Deskriptoren ($T_0 \subset T$) und ein $n_0 \in N$. Man ermittle alle Dokumente D_i, für deren Deskriptorenmenge $T^{(i)}$ gilt:

$$\| T_0 \cap T^{(i)} \| \geqslant n_0.$$

Bei der Speicherung von Dokumenten, die wir als Sätze einer Dokumentendatei auffassen wollen, werden vier Kriterien relevant:

1. Schneller Zugriff zu jedem Dokument (bei Vorgabe des Kopfsegments)
2. Schneller Zugriff zu allen Dokumenten mit einem bestimmten Merkmal („Deskriptor")
3. Geringer Speicherplatzbedarf
4. Leichter Änderungsdienst (Einfügen eines neuen Dokuments, Löschen oder Ändern eines Dokuments, Einführen neuer Deskriptoren u.ä.)

Wir werden verschiedene Formen des Aufbaus von Dokumentendateien kurz skizzieren und ihre „Güte" an obigen Kriterien messen.

7.2.1 Dokumentenorientierte Speicherung

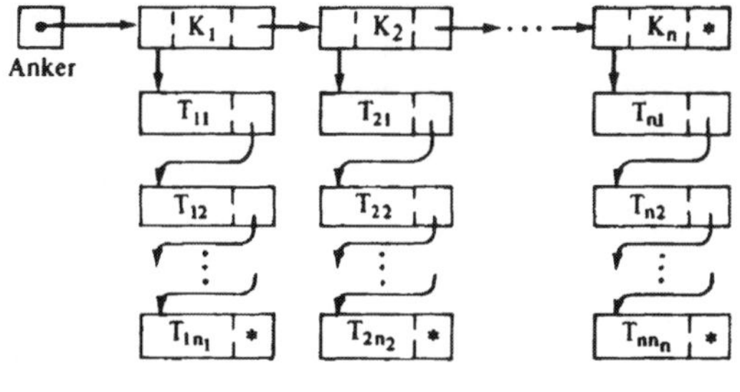

Die Kopfsegmente aller Dokumente enthalten zwei Adreßverweise: zum Kopfsegment des nächsten Dokuments, zum ersten Deskriptor des betreffenden Dokuments. Die Deskriptoren jedes einzelnen Dokuments werden linear einfach verkettet.

Man erkennt:

1. Der Zugriff zu einem Dokument erfolgt über die Kette der Kopfsegmente ohne Durchsuchen eines Deskriptors.

2. Der Zugriff zu allen Dokumenten mit einem vorgegebenen Deskriptor erfordert das Durchsuchen aller vertikalen Deskriptorketten, die den Deskriptor nicht enthalten, sowie zusätzlich im Durchschnitt das Durchsuchen der Hälfte aller übrigen gespeicherten Deskriptorensegmente.

3. Ein Segment, welches den Deskriptor T_j beschreibt, muß so oft gespeichert werden wie es in $T^{(i)}$ $(i = 1, \ldots, n)$ vorkommt. Diese Art der Speicherung einer Dokumentendatei ist daher äußerst speicheraufwendig.

4. Das Hinzufügen, Löschen oder Ändern von Dokumenten ist offensichtlich sehr einfach zu bewerkstelligen. Neue Deskriptoren wird man jeweils als Anfangselemente der betreffenden vertikalen Deskriptorketten einfügen. Die dokumentenorientierte Speicherungsform ist insgesamt zum Aufsuchen von Dokumenten bei Vorgabe der Kopfsegmente gut geeignet und erfordert dabei einen leicht zu handhabenden Änderungsdienst. Für das Problem des 'information retrieval' ist diese Speicherungsform allerdings denkbar ungünstig.

7.2.2 Deskriptororientierte Speicherung

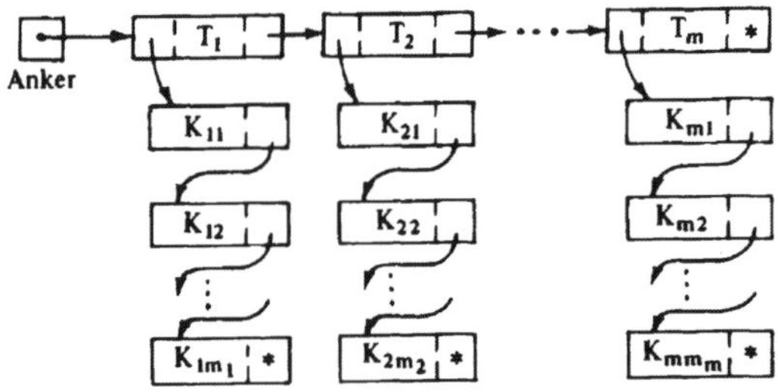

Die Deskriptoren $T_1, \ldots, T_m$ enthalten zwei Adreßverweise: zum nächsten Deskriptor, zum Kopfsegment des ersten Dokuments mit dem betreffenden Deskriptor. Die Kopfsegmente, die zu Dokumenten mit dem Deskriptor T_i gehören, werden linear einfach verkettet. Man erkennt:

1. Der Zugriff zu einem Dokument mit allen zugehörigen Deskriptoren erfordert das Durchsuchen aller vertikalen Kopfsegmentketten, deren zugehöriges Dokument den betreffenden Deskriptor nicht enthält, sowie zusätzlich im Durchschnitt das Durchsuchen der Hälfte aller übrigen gespeicherten Kopfsegmente.

2. Der Zugriff zu allen Dokumenten mit einem vorgegebenen Deskriptor erfolgt über die Kette der Deskriptoren ohne Durchsuchen eines Kopfsegments. Diese Speicherungsform ist daher für die Problemstellung des 'information retrieval' besonders geeignet, sofern man sich mit der Bestimmung aller relevanten Kopfsegmente begnügt. Will man jedoch die Dokumente mit vorgegebenem Deskriptor vollständig bereitstellen, so wird man – sofern der verfügbare Speicherplatz dies zuläßt – zusätzlich auf eine dokumentenorientierte Speicherung zurückgreifen.

3. Ein Kopfsegment muß so oft gespeichert werden wie das zugehörige Dokument Deskriptoren enthält.
Ist der Speicherplatzbedarf für ein Kopfsegment wesentlich geringer als für die Deskriptoren, so ist diese Speicherungsform der dokumentorientierten Speicherung bezüglich Speicherplatzbedarf vorzuziehen.

4. Beim Hinzufügen neuer Dokumente wird man die neuen Kopfsegmente an den Anfang der vertikalen Kopfsegmentketten stellen. Das Löschen eines Dokuments erfordert das Durchsuchen aller vertikalen Kopfsegmentketten, deren zugehöriger Deskriptor nicht im Dokument enthalten ist sowie zusätzlich im Durchschnitt das Durchsuchen der Hälfte aller übrigen gespeicherten Kopfsegmente.

7.2.3 Dokumentenorientierte Dreifachverkettung

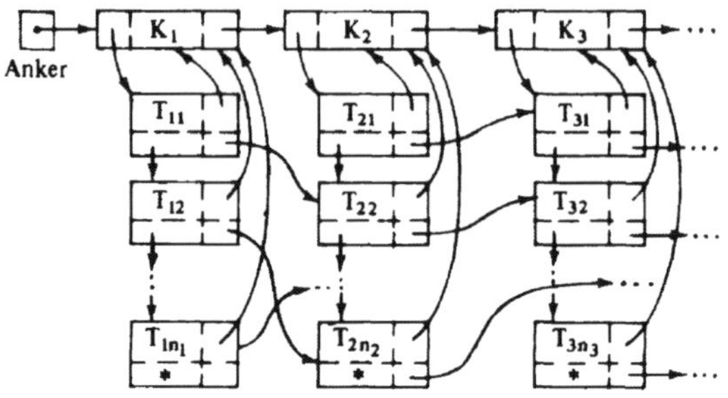

Die Kopfsegmente aller Dokumente enthalten zwei Adreßverweise: zum Kopfsegment des nächsten Dokuments, zum ersten Deskriptor des betreffenden Dokuments.
Die Deskriptoren jedes einzelnen Dokuments werden verkettet; sie enthalten zwei weitere Adreßverweise: ein Adreßverweis zum zugehörigen Kopfsegment, ein Adreßverweis zum nächsten identischen Segment, i.d. Falle:

$$T_{11} = T_{22} = T_{32} = \ldots, T_{12} = T_{2n_2} = \ldots, T_{21} = T_{31} = \ldots;$$

Man erkennt:

1. Der Zugriff zu einem Dokument erfolgt über die Kette der Kopfsegmente ohne Durchsuchen eines Deskriptors.
2. Der Zugriff zu allen Dokumenten mit einem vorgegebenen Deskriptor erfolgt durch Suchen in den Deskriptorketten der einzelnen Dokumente, bis das zugehörige Segment erstmals gefunden wird. Alle weiteren Dokumente werden längs der Kette identischer Segmente und durch die Adreßverweise zum jeweiligen Kopfsegment bestimmt.
3. Ein Segment, das den Deskriptor T_j beschreibt, muß wie bei (7.2.1) mehrfach gespeichert werden.
4. Das Hinzufügen, Löschen und Ändern von Dokumenten ist einfach, sofern die Positionen der Anfangs- und Endelemente der horizontalen Ketten identischer Deskriptoren in einer linearen Datei zusätzlich gespeichert werden.
   Diese zusätzliche Datei verkürzt insbesondere auch den Suchvorgang bei der Lösung des 'information retrieval'-Problems.

Analog zu (7.2.2) kann eine *deskriptororientierte Dreifachverkettung* vorgenommen werden. Diese Speicherungsform eignet sich wieder hervorragend für das Problem des 'information retrieval', benötigt allerdings wie in (7.2.2) durch Mehrfachspeicherung der Kopfsegmente erhöhten Speicherplatz. Der Änderungsdienst läßt sich im Gegensatz zu (7.2.2) relativ einfach bewerkstelligen.

7.2.4 Einmalspeicherung

Alle bisher geschilderten Speicherungsformen einer Dokumentendatei haben den Nachteil, daß einzelne Segmente mehrfach gespeichert werden müssen. Die folgenden Speicherungsformen zeigen einige Möglichkeiten, eine Dokumentendatei durch einmalige Speicherung aller Segmente zu realisieren.

Sei wieder $D = \{D_1, \ldots, D_n\}$, $T = \{T_1, \ldots, T_m\}$,

$$D_i = \{K_i\} \cup T(D_i)$$

mit $T(D_i) = \{T_{i1}, \ldots, T_{in_i}\}$; ferner sei $K := \{K_1, \ldots, K_n\}$

und $D(T_j) := \{D_i \mid T_j \in D_i\}$.

Betrachten wir nun den in (7.2.3) veranschaulichten Zugriffsgraphen auf Segmentebene, so entspricht der Einmalspeicherung jedes Segments offenbar die Kontraktion des Graphen bezüglich der Mengen der identischen Segmente. Wir kontrahieren also den Zugriffsgraphen bezüglich aller Segmente, die mit T_1 identisch sind, darauf kontrahieren wir den entstandenen Graphen bezüglich aller Segmente, die mit T_2 identisch sind u.s.w. Wir erhalten schließlich:

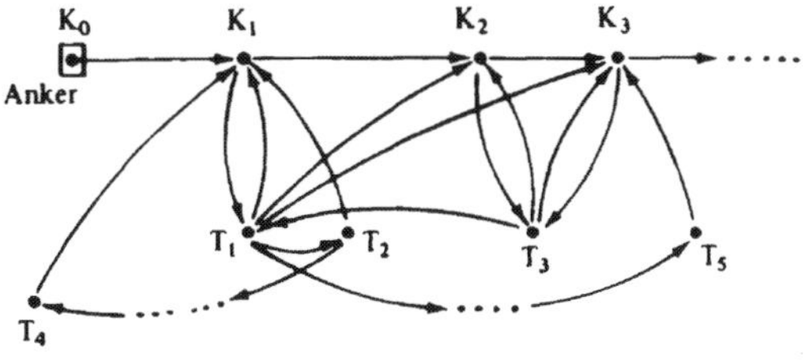

($T_1 := T_{11} = T_{22} = T_{32}$, $T_2 := T_{12} = T_{2n_2}$, $T_3 := T_{21} = T_{31}$, $T_4 := T_{1n_1}$, $T_5 := T_{3n_3}$ u.s.w.)

Die Kontraktion $G = (V, R)$ des Zugriffsgraphen bei dokumentenorientierter Dreifachverkettung hat offenbar folgende Eigenschaften:

1. $V = K \cup T \cup \{K_0\}$
2. a) $(K_i, K_{i+1}) \in R \; \forall \, i = 0, \ldots, n\text{-}1$;
   b) $(T_i, K_j) \in R$, falls $T_i \in T(D_j)$;
   c) zu $T(D_j)$ existiert ein elementarer Pfeilweg w in G mit Anfangsecke K_j und Spur $s(w) = (K_j, T_{j1}, \ldots, T_{jn_j})$
   d) der Rang der Ecke K_0 ist Null: $r(K_0) = 0$ (Anker)

Man erkennt umgekehrt, daß jeder Graph mit obigen Eigenschaften ausreicht, um die Einmalspeicherung einer Dokumentendatei zu gewährleisten. Denn jedes Kopfsegment K_j ist über den Anker und die durch (2a) gegebene Kette erreichbar; jeder Deskriptor $T_i \in T(D_j)$ kann mittels (2b) und (2c) aufgefunden werden.

Anmerkung: Eine Kontraktion der Zugriffsgraphen der in (7.2.1) skizzierten dokumentenorientierten bzw. der in (7.2.2) geschilderten deskriptororientierten Speicherung reicht zur Einmalspeicherung nicht aus, weil der Bezug der Deskriptoren zu den einzelnen Kopfsegmenten bzw. der Bezug der Kopfsegmente zu den einzelnen Deskriptoren bei der Kontraktion verlorengeht.

Kontrahieren wir den Zugriffsgraphen der deskriptororientierten Dreifachverkettung, indem wir identische Kopfsegmente „identifizieren", so erhält man z.B. folgenden Zugriffsgraphen $G = (V, R)$:

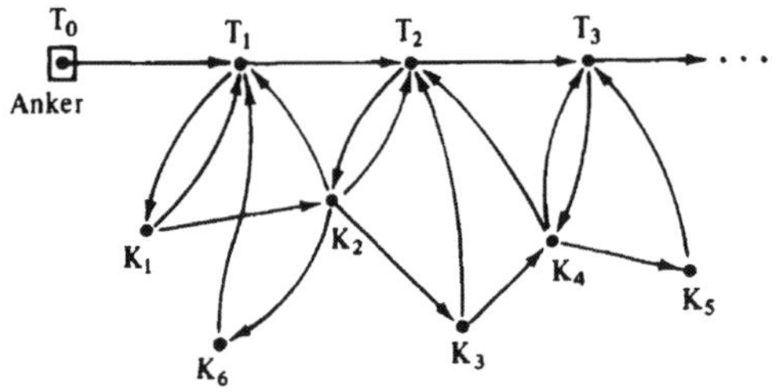

Diese Kontraktion $G = (V, R)$ hat offenbar folgende Eigenschaften:

1. $V = K \cup T \cup \{T_0\}$

2. a) $(T_i, T_{i+1}) \in R \; \forall \; i = 0, \ldots, m\text{-}1$,

   b) $(K_i, T_j) \in R$, falls $K_i \in D(T_j)$,

   c) zu $D(T_j)$ existiert ein elementarer Pfeilweg w in G mit Anfangsecke T_j und Spur $s(w) = (T_j, K_{j1}, \ldots, K_{jm_j})$.

   d) der Rang der Ecke T_0 ist Null: $r(T_0) = 0$.

Man erkennt wiederum, daß jeder Graph mit obigen Eigenschaften die Einmalspeicherung einer Dokumentendatei gewährleistet.

Die Realisierung der geschilderten Zugriffsgraphen, die eine Einmalspeicherung gewährleisten, kann auf mannigfache Weise erfolgen, insbesondere über Adreßverweise (als Felder innerhalb der einzelnen Segmente). Üblicherweise wird jedoch eine lineare Datei D_0 aller Ecken erstellt; separat dazu erfolgt die Speicherung der Pfeilmenge als lineare Datei, wobei die Ecken durch ihre Adressen in der linearen Datei D_0 gekennzeichnet werden. Die Reihenfolge der Ecken in der linearen Datei ist zweckmäßigerweise $K_1, \ldots, K_n, T_1, \ldots, T_m$ bzw. $T_1, \ldots, T_m, K_1, \ldots, K_n$;
die Reihenfolge der Pfeile ist günstigerweise „eckenorientiert": $(K_1,K_2)\,(K_1,T_{11}), \ldots, (K_n,T_{n1}), (T_1,T_{\nu_1}), \ldots, (T_1,T_{p_1})\,(T_2,T_{\mu_1}), \ldots, (T_m,T_{p_m})$.

Bezüglich der Gütekriterien (1) – (4) merken wir im Falle der Kontraktion einer dokumentenorientierten Dreifachverkettung noch an:

1. Der Zugriff zu einem Dokument erfolgt über die Kette der Kopfsegmente und den zugehörigen elementaren Pfeilweg, dessen Spur die Deskriptoren des Dokuments eindeutig bestimmt.
2. Der Zugriff zu allen Dokumenten mit einem vorgegebenen Deskriptor T_j erfolgt durch Aufsuchen aller Pfeile in G, deren Anfangsecke T_j ist, und Bestimmung derjenigen Endecken, die Elemente von K sind.
3. Jedes Segment wird genau einmal gespeichert. Zusätzlich erforderlich wird Speicherplatz für Adreßverweise oder für die lineare Datei der Pfeilmenge. Der zusätzliche Speicheraufwand ist aber gewöhnlich gering im Vergleich zur Mehrfachspeicherung von Segmenten.
4. Das Hinzufügen, Löschen oder Ändern von Dokumenten erfolgt in zwei Phasen: 1) Änderung der linearen Datei der Ecken von

G; 2) Änderung der linearen Datei der Pfeilmenge; in diesem Falle wird (etwa beim Hinzufügen eines neuen Dokuments D_{n+1}) ein neuer elementarer Pfeilweg $w = [T_{i_1}{}', \ldots, T'_{i_{n+1}}]$ aufgebaut mit zusätzlichen Pfeilen (T_i', D_{n+1}). Der Änderungsdienst ist also relativ einfach und erfordert im wesentlichen Änderungen in der linearen Datei der Pfeilmenge.

Eine weitere Möglichkeit der Einmalspeicherung der eigentlichen Segmente wird durch folgenden (dokumentenorientierten) Zugriffsgraphen dargestellt:

Es gilt offenbar:

1. $V = K \cup T \cup \{K_0\}$
2. a) $(K_i, K_{i+1}) \in R \ \forall\, i = 0, 1, \ldots, n-1.$
   b) $(K_i, T_j) \quad \in R$ g.d.w. $T_j \in T\,(D_i)$
   c) $(T_j, K_i) \quad \in R$ g.d.w. $K_i \in D\,(T_j)$
   d) der Rang der Ecke K_0 ist Null: $r\,(K_0) = 0$.

Die Realisation der Pfeilmenge erfolgt üblicherweise durch Adreßverweise in den Segmenten, die zur Anfangsecke des betreffenden Pfeils gehört.
Die Vielfachspeicherung von eigentlichen Segmenten wird damit reduziert auf die Einmalspeicherung dieser Segmente und zusätzliche Vielfachspeicherung von Adressen; das letztgenannte Verfahren benötigt dabei gewöhnlich weit weniger Speicherplatz als die konkurrierenden Speicherungsformen (7.2.1), (7.2.2), (7.2.3). Im Vergleich zu den konkurrierenden Speicherungsformen, die durch Kontraktion dreifach-verketteter Dokumentendateien gewonnen wurden, benötigt das zuletzt geschilderte Verfahren i.a. mehr Adreßverweise; insbesondere gilt dies für den Fall, in dem die in 2 (c) erwähnten Pfeilwege (innerhalb der Zugriffsgraphen auf Seite 79 und 80) für mehrere Dokumente (bzw. Deskriptoren) gemeinsame Teilwege enthalten.

Übungsaufgabe 15: Ein Datenbestand mit 10000 Sätzen gleicher Bewegungshäufigkeit soll als indexverkettete Datei gespeichert werden. Das Durchsuchen der Indizes und der zu einer Hausadresse gehörigen Synonyme erfolge sequentiell; jede Hausadresse weise gleichviele Synonyme auf. Die Zahl der Synonyme pro Hausadresse sei ebenfalls in jeder Indexstufe konstant, sofern mehrere Indexstufen vorgesehen werden.

Wieviele Indexstufen und wieviele Synonyme pro Hausadresse in den einzelnen Indexstufen sollen gewählt werden, damit der Erwartungswert der Länge des Zugriffsweges minimal wird?

Übungsaufgabe 16: Man stelle für die Lösung des Problems des 'information retrieval' ein Flußdiagramm auf, wenn die Dokumentendatei eine dokumentenorientierte Dreifachverkettung aufweist.

Anhang

I. Notationen

N:	Menge der natürlichen Zahlen
Z:	Menge der ganzen Zahlen
R:	Menge der reellen Zahlen
[r]:	kleinste ganze Zahl, die größer oder gleich r ist ($r \in R$)
$\|\| M \|\|$:	Mächtigkeit der Menge M
<FELD>:	Inhalt eines Speicherbereichs mit Namen FELD (i.a. symbolischer Adresse)
$a[i_1 : k_1, \ldots, i_n : k_n]$:	Dimensionsvereinbarungen eines Feldes mit Namen a, dessen Komponenten durch n-tupel $j_1, \ldots, j_n$ mit $i_s \leqslant j_s \leqslant k_s$ $(s = 1, \ldots, n)$ gekennzeichnet werden.
injektiv:	eine Abbildung $f: D \rightarrow B$ ist injektiv genau dann wenn gilt: $d, d' \in D, d \neq d' \Rightarrow f(d) \neq f(d')$.
bijektiv:	eine Abbildung $f: D \rightarrow B$ ist bijektiv genau dann wenn gilt: $d, d' \in D, d' \neq d \Leftrightarrow f(d) \neq f(d')$.

II. Literaturhinweise

1. Bücher oder Beiträge in Sammelwerken:

[1] *Knuth, D.E.:* The art of computer programming, vol. I, II, III; Addison-Wesley, Reading (Mass.) 1969, III: unveröff.

[2] *Flores, J.:* Computer Sorting, Prentice Hall, Englewood Cliffs, 1969.

[3] *Wedekind, H.:* Datenorganisation, de Gruyter-Verlag, Berlin 1970.

[4] *Hopgood, F.R.A.:* Compiler, Die Übersetzung von Programmiersprachen, Carl Hanser Verlag, München 1970.

[5] *Wegner, R.:* Programming Languages, Information Structures and Machine Organization, McGraw-Hill, New York 1968.

2. Vorlesungsmanuskripte:

[6] *Caspers, P.G.:* Systemprogrammierung I, Karlsruhe 1970.

[7] *Wettstein, H.:* Systemprogrammierung I, Karlsruhe 1970.

3. Spezielle Beiträge:

CACM: "Communications of the ACM", ACM, New York
JACM: "Journal of the ACM", ACM, New York.

[8] *Hibbard, T.N.:* „Some combinatorical properties of certain trees with application to searching and sorting", in JACM, vol. 9 (1962).

[9] *Brooker, R.A. et al.:* "Trees and Routines", Computer Journal, vol. 5 (1962).

[10] *Sussenguth, E.H.:* "Use of Tree Structures for Processing Files", in CACM, vol. 6 (1963).

[11] *Bell, D.A.:* "The principles of sorting", in Computer Journal, vol. 1 (1958).

[12] *Flores, J.:* "Analysis of Internal Computer Sorting", in JACM, vol. 8 (1961).

[13] *Aroba, S.R.* und *W.T. Dent:* "Randomized Binary Search Technique", in CACM, vol. 12 (1969).

[14] *Staufel, L.E.:* "Tree structures for optimal searching", in CACM, vol. 17 (1970).

[15] *Clampett, H.R.:* "Randomized binary searching with tree structures", in CACM, vol. 7, (1964).
[16] *Patt, Y.N.:* "Variable length tree structures having minimum average search time", in CACM, vol. 12 (1969).
[17] *Buchholz, W.:* "File oranization and adressing", in IBM Systems Journal, Juni 1963.
[18] *Maurer, W.P.:* "An improved hash code for scatter storage", in CACM, vol. 11 (1968).
[19] *Peterson, W.W.:* "Adressing for randomaccess storage", in IBM Journal of Res. and Development, vol. 1 (1957).
[20] *Sohay, G.* und *W.G. Spruth:* "Analysis of a file adressing method", CACM, vol. 5 (1962).
[21] *Bell, J.R.:* "The Quadratic Quotient Method", in CACM, vol. 13 (1970).
[22] *Morris, R.:* "Scatter Storage Techniques", in CACM, vol. 11 (1968).
[23] *Meadow, C.T.:* The Analysis of Information Systems. A Programmers Introduction to Information Retrieval. John Wiley, New York 1967.
[24] *Foster, J.M.:* List Processing, McDonald, London 1967.
[25] *Lutz, T.* u.a.: "Management Information Systems (MIS)" in IBM Nachrichten, Heft 191 (1968), Heft 192 (1968), Heft 193 (1969).

Kolibri 360 GmbH
Ferdinand-Jühlke-Straße 7
99095 Erfurt, Deutschland
produktsicherheit@kolibri360.de